旧京说图

风云篇

北京日报特别报道部　编著

北京日报出版社

序言

北京已建城三千多年，建都八百多年。站在车水马龙的长安街边，面对繁华的现代化大都市，人们难免会问："过去的北京是什么模样？"

从一百六十卷的《日下旧闻考》中，我们能够查到北京城从南到北的中轴线，查到世界最大皇宫建筑群，查到天下奇观万里长城和美不胜收的古典园林，查到宏伟壮观的坛庙、帝陵、古塔，却无法再现"古道西风，宫檐落日"的壮丽；从林海音的小说《城南旧事》中，我们能品出老北京素雅、淡泊、简约、温婉的意境，却很难还原"枯藤、老树、昏鸦"的凄美景象。

然而，一张张老照片却能把过去的时光，真真切切地定格在人们眼前。为了再现老北京的故事，2012 年，《北京日报》创办了《旧京图说》栏目。

何谓"旧京"，我们把时间线定在了中华人民共和国成立之前。这无疑是自己给自己出了一道难题。1949 年 10 月之前有多少老照片？其中又有多少是关于北京的？说实话，创办之初，我们心里没底。然而，选题一期一期做下去，我们发现北京的老照片是一个"富矿"。我们没想到早在 1860 年北京城就有了全景图，没想到被毁后的圆明园曾有一段时间竟然还那么美，没想到 1900 年就有人乘着热气球给北京拍过航拍照。

妙趣横生的年俗，红火热闹的庙会，走街串巷的货郎，百年传承的药铺，揉铁作墨的铁画……这些或震撼或新奇的场面，让人们大开眼界，也让读者随之发现了一个立体的老北京。

2016 年，我们出版了《旧京图说》上下册，受到很多读者朋友的喜爱。如今，八年过去了，我们再次收集、整理老照片，精编成这本《旧京图说·风云篇》，与大家一起追忆老北京的往事……

一张图片，胜过千言。

对于今天的新闻事件如此，对于早已远去的老北京更是如此。

目录

皇家重地

京华胜景

历史印记

时代之变

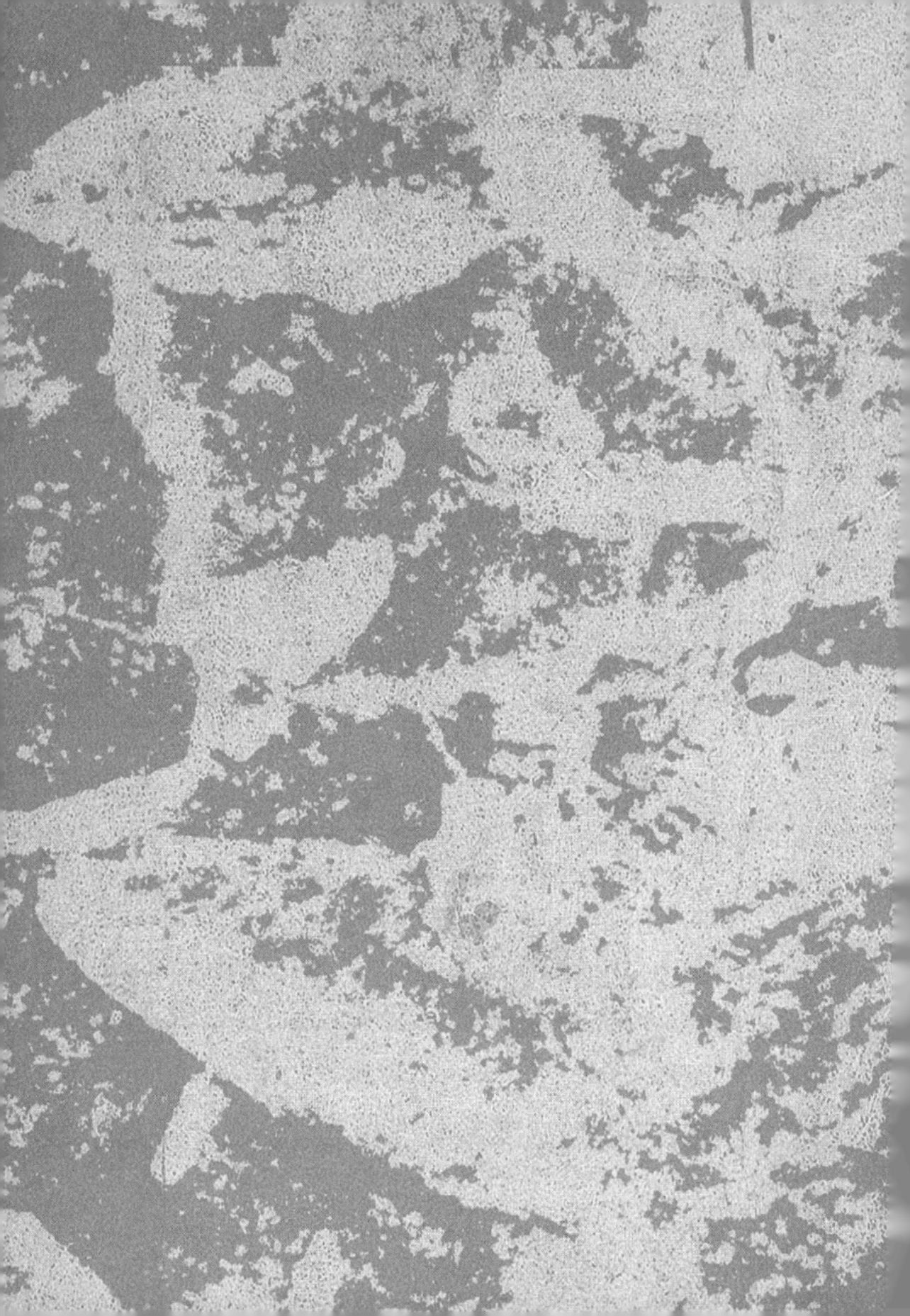

皇家
重地

故宫变迁

1420 年 10 月 28 日，大明永乐十八年九月廿二，明成祖朱棣的一道谕旨看似相当简略："丁亥，上命行在礼部，自明年正月初一日始，正北京为师，不称'行在'。"

故宫的序章便蕴含在六百年前的这道御批的折子中。其中，"正北京为师"一句确定了北京作为京师的地位，也意味着权力中心将从南京迁往北京这座刚刚建成的禁城中。

悠悠六百年，永乐年间的紫禁城和如今的故宫比较起来，有哪些不同？其间又发生了怎样的故事？

翻看《明代宫禁图》，如今的紫禁城仍延续了中轴对称、前朝后寝的整体格局。但是经历了数次雷击、大火和朝代更迭，以及多次重建、改建和扩建，局部风貌和永乐时期相比已有明显不同。

紫禁城的外朝，主要包括中轴线上的太和、中和、保和三大殿和左辅右弼的文华殿、武英殿，规模宏大，布局疏朗。

和今天不同，明初紫禁城的东南部，是皇太子专属的"特区"，文华殿相当于皇太子的"奉天殿"，为了区别皇太子和皇帝的地位差别，还特意将文华殿屋顶设置成了绿色琉璃瓦，武英殿的占地面积也要比文华殿大。就连位于这个区域内的城门东华门，每个门扇上只有 72 颗门钉，比午门、西华门和神武门分别少了一排门钉（一排 9 颗）。

紫禁城的后寝即内廷，庭院紧凑，主要包括中轴线上的后三宫、御花园以及两侧的东西六宫和乾东五所、西边几个较小的宫殿群，现在看呈参差之态。

永乐时期东西六宫严格对称，名称在明嘉靖年间全部更改，大部分沿用至今。晚清时期，西六宫的格局发生了较大变化。长春宫、储秀宫先后与前面的启祥宫、翊坤宫打

明余壬、吴钺绘《徐
显卿宦迹图》中的皇极殿
（太和殿），两侧仍为木廊。

通，两宫连为一体。其中储秀宫曾是慈禧入宫时最早居住的地方，在光绪十年（1884 年）完成改建后，慈禧回到这里庆祝五十大寿，在此又居住了十年。

隆裕皇太后在过火的延禧宫内修建了一座西洋风格的灵沼轩，用以养鱼。这一烂尾工程，也破坏了东西六宫的对称之美。

明朝初期兴建的三座皇宫（分处于凤阳、南京和北京），都没有"太后宫"的设置。原来，明太祖朱元璋父母早逝，而明成祖朱棣取得皇位的时候马皇后也不在人世了。如今人们在故宫中所见到的太后宫——慈宁宫，是明嘉靖年间才修造起来的，在这之前，这片区域曾经存在过一座名为"仁寿宫"的宫殿。如今，太上皇居住的外东路，以及太后、太妃居住的外西路，均是后期添建的。

紫禁城中轴线北端的钦安殿是专门供奉真武大帝的神殿。为了突出"奉天靖难"，朱棣曾大力推崇北方之神真武大帝，大殿四周松柏参天，如同真武居住的真庆仙都。明景泰年间，开始在周围增建其他园林建筑，成为御花园。而象征玄武七宿的"东西七所"也在清代被改称为"乾东西五所"，作为皇子居住的区域。

凡是过往，皆为序章。不难发现，尽管拥有太和殿那样的恢宏巨构，但紫禁城最震撼人心的还是其整体景观。数百座高低起伏、形态各异的单体建筑，既体现功能和等级，又营造出严整和谐的秩序之美，这都是永乐年间奠定的基础。

1917年，张勋复辟期间，末代皇帝溥仪在乾清宫的宝座上留影。从明代至清初，乾清宫都是皇帝理政和起居的正殿。明宫三大案中的"红丸案"和"移宫案"都发生在这里，嘉靖皇帝也险些在此命丧宫女之手。

储秀宫最后的主人是宣统皇帝溥仪的皇后婉容，她对宫殿内部进行了一系列改造，使其适合西化的生活方式，图中可见婉容的浴缸。

永乐年间，紫禁城北是一个完全为真武大帝营造的宗教区域，其主殿就是钦安殿，尽管在乾隆时期添建了抱厦，但钦安殿的主体建筑仍然是明初遗构。日本摄影师小川一真摄于1900年。

千秋亭。痴迷道教的嘉靖皇帝为了便于在钦安殿举行斋醮（道场），在四周增建围墙，开天一门。后来又在钦安殿两侧修建了千秋亭和万春亭，用作辅助性仪式建筑。两亭八面玲珑的造型仿自"天圆地方"的古代明堂形制，是御花园里最为精美的建筑。小川一真摄于1900年。

皇家重地·故宫变迁

太和殿在永乐年间建成时名为奉天殿，明嘉靖时期更名为皇极殿，清初顺治朝改名太和殿。大殿落成仅百日，就遭雷击起火，三大殿尽毁。之后在明嘉靖、万历和清康熙年间又三次毁于火灾，现存建筑为康熙三十四年（1695 年）重建。当时，由于巨型楠木稀缺，重建的太和殿在规模上明显缩水，面积大约只有永乐年间的一半。为提高防火性能，大殿两侧以阶梯状的防火墙代替了原来的木廊。从此之后，太和殿再也没有被烧毁。通过太和殿下方巨大的基座，不难想象明代大殿的规模。俄罗斯摄影师斯尔格·沃特加索夫摄于 20 世纪 20 至 30 年代。

　　紫禁城西北角楼与筒子河沿岸的围房。明代初建时，在筒子河和城墙之间分布着多座守卫值房，称作"红铺"。清代，随着皇城的逐步开放，宫禁范围收缩，沿着筒子河东、西、北三面的内侧，建成了连檐通脊的围房。这些围房除了守卫功能以外，还用作仓库。1930—1942 年间，筒子河围房因为年久失修被逐步拆除，拐角处改建为水榭。现在只保留下东华门和西华门以北的一小段。瑞典学者喜龙仁摄于 20 世纪 20 年代。

文 / 供图　罗东生

故宫藏影

故宫博物院不但拥有超过 9000 间明清古建筑，还有 186 万余件文物藏品。历史照片作为故宫博物院非常特殊的一类文物，反映了紫禁城内外一百多年的时代变迁。故宫博物院院藏历史照片主要由照片和底片构成。其中，照片分为蛋白照片、银盐照片、明胶相纸；底片分为玻璃干板、明胶干板、胶片卷片，总数接近 46000 张。就目前研究来看，院藏最古老的照片拍摄于 1863 年。历史上，成熟摄影术诞生于 1839 年，仅仅 24 年后，摄影术就进入了紫禁城。

就照片的拍摄内容而言，院藏老照片主要分为文物、建筑、人物、近代史、故宫博物院史五大类。

文物类照片方面，故宫博物院建院后，出于保存、研究、宣传之目的，购进了当时比较先进的摄影设备，陆续对院藏珍贵文物进行拍照整理。其中相当一部分发表在了《故宫周刊》《故宫月刊》等院办刊物上。1933 年文物南迁后，很多重要文物虽然漂泊在外，但它们的标准"写真"仍然留在故宫中。这为今后文物的回归查核及研究提供了极大便利。经整理发现，故宫现存表现各种材质、工艺的文物照片光玻璃底片一项就有 24000 张以上，占故宫历史照片收藏总数的 52%，说明民国以来故宫人对院藏文物拍摄的重视程度。

建筑类照片，主要包括紫禁城、西苑三海、坛庙、陵寝等皇家建筑照片。其中一些建筑后来或经过了拆改变迁，或被焚毁破坏，只能凭借一纸照片展示旧时风貌。从这一点来看，故宫博物院收藏的建筑类照片就显得弥足珍贵了。

人物类照片方面，故宫院藏照片不但包括晚清皇室成员、大小官吏、太监宫女，还有民国北洋军阀、名人政要和外国友人。其

北海西天梵境，摄于20世纪初。此片为手工着色照片。

中尤以慈禧太后的数百帧高清晰影像和20世纪二三十年代的一批逊清皇室照片最具特色。

近代史照片方面，故宫博物院收藏了一批19世纪中后期以来，尤其是洋务运动过程中开办的官办工厂照片。它们或为军需，或为民用，再现了近代洋务派"师夷长技"的历史情景。开办工厂就要购买机器，为了学习操作这些"洋家伙"，各地新式学堂拔地而起，同样留下了不少照片。办工厂、开学堂的同时，在"自强求富"的口号下，中国的军事近代化也被逐步提上日程，故宫还收藏有一批反映北洋海军和新建陆军的历史照片。此外，诸如京张铁路等一类表现近代中国交通运输情况的历史照片，故宫中也有收藏。总之，故宫博物院的近代史照片，从不同角度向世人展现了中国人在将国家引向近代化过程中进行的艰苦卓绝的探索。

1925年10月10日，故宫博物院在紫禁城内廷宣告成立。从此以后，昔日的皇宫禁地向人民大众开放，曾经皇室私有的中华宝藏也终于奉还于民。故宫博物院的历史照片中，有相当一部分拍摄于1925年至1949年之间，从中我们可以一睹紫禁城开放为博物馆的早期形象。当时的展陈环境、文物状态、人员往来、社会活动等情况，均能通过照片一一辨识。

我们从故宫收藏的老照片中甄选了一些精品，带您感受一下中国近百年的时代变迁。

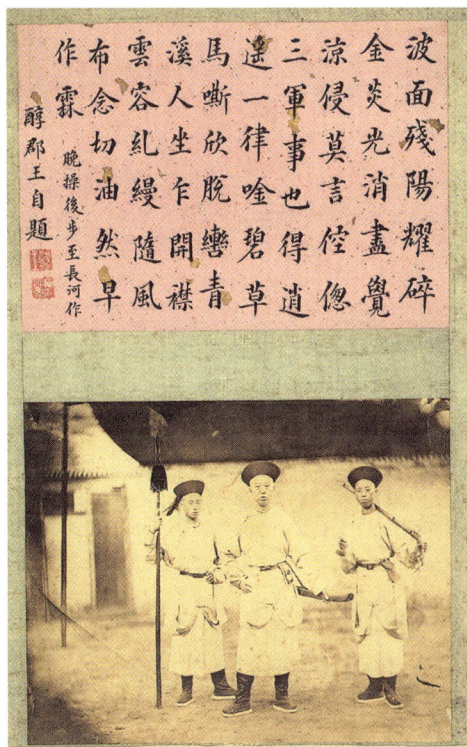

醇郡王奕譞及侍卫像，摄于1863年，奕譞时年24岁。这张照片是故宫博物院现存最古老的照片，照片上题诗为奕譞亲笔。

紫禁城延春阁，摄于1922年。照片拍摄后不久，此建筑便被大火焚毁。2004年原址复建时，此照片成为重要参考之一。

皇家重地·故宫藏影

1925年神武门故宫门匾。此门匾为故宫博物院第一任理事长李煜瀛先生用大抓笔手书，五个颜体大字苍劲有力。今天神武门上"故宫博物院"五个字为郭沫若先生题写。

民国时期故宫博物院书画展厅原状照。本片摄于1925年至1933年。照片正中悬挂之画轴为清宫描绘圆明园福海风光的《十二禁御图》，此图现藏于台北故宫博物院。

故宫博物院同顺斋钟表仪器展厅原状照。本片摄于 1925 年至 1933 年。有趣的是，照片中尚可见到墙上挂着婉容和溥仪弟妹的合影。

这就是悬挂于同顺斋墙上的婉容（正当中站立者）与溥仪弟妹的合影。本片摄于 1922 年。

文 / 供图　王志伟

养心殿：八朝天子寝宫

养心殿建筑群为一封闭院落，主体建筑呈"工"字形，分为前殿、后殿。前殿面阔、进深各三间，黄琉璃瓦歇山顶，前接抱厦六间。明间设宝座，上悬雍正皇帝御书"中正仁和"匾。东暖阁为慈安、慈禧太后"垂帘听政"处。西暖阁辟为数间隔室，有"勤政亲贤"、三希堂、无倦斋、长春书屋、小佛堂、梅坞等。后殿东为体顺堂，西为燕禧堂，是皇帝与后妃居住的寝宫。

爱看清宫剧的人都知道，养心殿乃是皇帝的寝宫，是封建时代皇权的中心。养心殿里到底什么样？

养心殿位于紫禁城内廷、乾清宫西侧，始建于明朝嘉靖年间。起初，它并不是皇帝的寝宫。清康熙时期，内务府在此设置专为皇室造办宫廷活计的诸多作坊，称"养心殿造办处"。康熙六十一年（1722 年），康熙皇帝去世后，继位的雍正皇帝并没有搬到

其父的寝宫乾清宫去住，而是将西侧遵义门内暂时用作为父守孝之"苫次"的养心殿辟为皇帝寝宫。这一住就是两百多年，雍正后历朝皇帝都将这里作为他们在紫禁城中的寝宫，直到 1924 年 11 月末代皇帝溥仪出宫。

养心殿不仅仅是皇帝生活起居的宫殿，还是他在紫禁城中最重要的办公场所。每天皇帝晨起之后，用过早膳，要到养心殿前殿与群臣议政，也就是通常所说的"常朝（上朝）"。朝后皇帝会到前殿西侧的"勤政亲贤"或单独召见官员，或批阅章奏，"勤政亲贤"南窗外布置有围板一圈，用以隔绝外间，当皇帝单独召见官员时，内监也要回避，非常私密。值得一提的是，养心殿在位置上与雍正年间设立的军机处只有一墙之隔，皇帝与诸大臣商讨军国大事十分便利，这也是皇帝乐于居住在这里的重要原因。

公事完毕，养心殿强大的生活功能便发

1922 年至 1924 年间，养心门外。

养心殿前殿明间。本片摄于 1900 年。

挥出来了。这里有皇帝观览古籍字画、吟诗写字的书房三希堂，有供他虔诚礼佛、早晚瞻拜的秘密佛堂，甚至还有一处专为帝后服务的御膳房——经常做一些时令小鲜供皇室享用。总之，养心殿前殿办公、后殿就寝的功能性格局，极大地便利了皇帝的公、私生活。

作为皇帝在紫禁城中行走的核心区，养心殿曾经发生过很多影响中国历史的重大事件。1839 年，道光皇帝在这里与林则徐一起筹划禁除鸦片的方案。太平天国战争后期，两宫太后在

一名太监站在养心殿前殿抱厦前。本片摄于 1900 年。

这里与军机大臣日夜值守，布防、筹剿太平军，并最终收到了所谓的"红旗捷报"。晚清与列强签订的诸多不平等条约，有相当一部分都是在养心殿中圈阅允准的。1912年2月12日，隆裕皇太后带着宣统皇帝溥仪在这里召开了清朝最后的御前会议，宣读了《退位诏书》，宣告了统治中国268年之久的大清王朝的覆灭。此外，历史上，顺治、乾隆、同治三朝皇帝就是在养心殿的龙床上走到了生命的尽头。

养心殿随安室。本片摄于1900年。

虽然早在 1860 年 10 月，紫禁城便与摄影术结缘，但此后直到 1900 年的 40 年间，摄影术几乎没有再走进过宫墙一步。直到八国联军占领皇宫期间，紫禁城的影像才开始大量留存。书中选取的养心殿旧影，拍摄于 1900 年及 1922 年至 1924 年这两个时间段。这两个时期是紫禁城留下照片较为集中的年代，从中可以管窥养心殿百年来的历史变迁。

1900 年的养心殿东暖阁。

溥仪站在摆满鲜花的养心殿前。本片摄于 1922 年至 1924 年之间。

养心殿后殿寝宫。本片摄于 1922 年至 1924 年。

婉容在养心殿前摆弄照相机。本片摄于 1922 年至 1924 年。

文 / 供图　王志伟

故宫的隐秘角落

对于普通游客而言，故宫博物院并不是全部开放的，有的是作为博物馆的办公用地，有的则是一些鲜为人知的"隐秘区域"。这里，我们选取了一些百年前的旧影，带您一探故宫中那些鲜为人知的隐秘景区。

漱芳斋内景。本片摄于 20 世纪 20 年代。

漱芳斋是清帝宴集观戏之所。每年元旦，清帝要在此举行开笔仪式。元旦这天，皇帝着吉服于殿内升座，御案上陈设着金瓯永固杯，杯中注满屠苏酒，皇帝拿起"赐福苍生"笔，书就新年的第一字，是为"开笔"。开笔所书往往是"福""禄""寿""喜"一类的吉祥文字，将其赏赐大臣、宗室、外藩，领受人视为无上的荣耀。本片摄于20世纪20年代。

皇家重地·故宫的隐秘角落

　　建福宫花园又称西花园，是紫禁城中的四座花园之一。这里殿阁亭馆错落有致，假山叠石点缀其间，是一座集庄严大气与玲珑秀美于一身的宫殿园林。可惜 1923 年 6 月 26 日，建福宫花园被一场神秘大火焚毁，整座花园连同无数珍宝一夜之间化为灰烬。当时还住在紫禁城内的溥仪，怀疑是太监们为了毁灭监守自盗的证据而放的火。本片摄于 20 世纪 20 年代。

　　建福宫花园延春阁　　1923年6月26日晚9时，建福宫花园敬胜斋起火，大火很快延烧到南邻的延春阁，高大的延春阁掉落的构件又引燃了周围殿座。由于建福宫花园地处内廷北侧，建筑密度大，附近又没有可以利用的水源，在很短时间内花园的中路和西路就陷入了火海，就连毗邻的中正殿一区也未能幸免。至28日凌晨，意大利使馆派30余名士兵参与扑救，大火才最终被扑灭。据事后统计，大火烧毁了敬胜斋、静怡轩、延春阁、吉云楼、慧耀楼、碧琳馆、妙莲花室、积翠亭、玉壶冰、广生楼、香云亭、中正殿等建筑上百间，贮存其中的大量珍玩、典籍、宗教法器被焚毁，损失不可胜计。图为消防人员正在救火，现场一片狼藉。

阅是楼内观戏处　阅是楼建于乾隆三十七年（1772年），位于畅音阁大戏楼的北侧，为清宫观戏场所。本片摄于1922年。

雨花阁四层佛龛供案　雨花阁是根据乾隆时代的国师三世章嘉呼图克图的建议，模仿西藏阿里古格托林寺坛城殿修建的一座密宗佛堂。雨花阁虽然外观三层，内部却严格按照藏密的事、行、瑜伽、无上瑜伽四部设计为四层的结构，每层分别供奉着藏密的四部神祇。雨花阁是目前我国现存最完整的藏密四部神殿，对于研究藏传佛教具有重要意义。本片摄于20世纪初。

慈宁花园宝相楼　宝相楼与吉云楼相对，是慈宁花园咸若馆东配楼。乾隆时按照藏传佛教格鲁派的宗教法式，改建为二层七间楼阁。楼中依般若、功行、德行、瑜伽、无上阳体根本、无上阴体根本来布置供奉与陈设，此即"六品佛楼"的由来。宝相楼是紫禁城中现存的两座六品佛楼之一。本片摄于20世纪初。

畅音阁戏楼　紫禁城畅音阁、圆明园清音阁、避暑山庄清音阁、颐和园德和园戏楼、紫禁城寿安宫戏楼是历史上清宫建造的五座三层大戏楼，保存至今的仅有畅音阁与德和园两座。畅音阁戏楼前建有二层阅是楼，是帝后观戏场所；左右有游廊，宗室大臣在此观戏；阁后又设扮戏楼，为参演人员准备之所。旧时，清宫太监为区分大小，曾唤避暑山庄清音阁为"大爷"，颐和园德和园戏楼为"二爷"，紫禁城畅音阁为"三爷"。畅音阁一直以来都在对外开放，只是不太出名。2017 年 11 月 8 日，时任美国总统特朗普在中国国家主席习近平的陪同下在畅音阁观看了传统京剧，这座大戏楼才引起人们的注意。本片摄于 20 世纪初。

文／供图　贺莎莎

皇家重地·故宫的隐秘角落

天坛公园开放百年

1917年12月30日,《群强报》发表《开放天坛》的通告:"天坛为历朝祀天之所,建筑闳丽,林木幽茂,实为都会胜迹之冠。外人参观向由外交部给予执照,而本国人士罕有游涉。今者内务部特将天坛内重事修葺,平垫马路,以期引人入胜。订于阳历新年一号,将斋宫、皇穹宇、祈年殿一律开放,任人购票游览。并拍照名胜处所,制成邮片赠送游客。"

1918年1月1日,这座美丽的皇家殿宇,第一次作为公园向游人开放。北京市民从四九城会聚到天坛,热情之高可想而知。

天坛公园是继中央公园(今中山公园)、城南公园(先农坛)之后,第三个面向普通市民开放的皇家园林。

"公园"的概念,清末就已经引入中国。1905年,清廷派遣端方、戴鸿慈等30余人出使西方各国考察宪政。一年之后,出使归来的端方、戴鸿慈等人连上三道奏折,一奏军政,二奏教育,第三奏就提到了修建图书馆、博物馆、万牲园、公园等公共设施。不过,当时清廷已是风雨飘摇,直到清帝退位,开设公园也没有被提到议事日程上。

民国肇始,内务总长朱启钤重拾开设公园的计划。1914年,社稷坛经过修整和清理后,正式开放,得到市民热情追捧。看到公众对公园如此欢迎,内务部计划继续清理整修荒废的皇家园林,将它们一一辟为公园。

天坛是明清帝王祭天祈谷的场所,始建于明朝永乐十八年(1420年),之后不断扩建,清乾隆年间最终建成。天坛占地达273公顷,主要建筑有祈年殿、圜丘、皇穹宇、斋宫、神乐署、牺牲所,各种树木6万多株,环境静谧,气氛肃穆庄严。清末虽然内忧外困,但清廷仍然维持着对天坛的管理。

1913年元旦,为庆祝清帝退位一周年,北洋政府决定将天坛免费开放10天。京城立

天坛坛门。

两名女游客正准备离开圜丘，她们身后是棂星门。

两名女游客在天坛祈年殿前留下倩影。

1918 年，天坛公园开放以后，坛门外有很多趴活儿的洋车。

祈年殿内的宝座屏风。

皇家重地·天坛公园开放百年

即掀起了一股"天坛游玩热"。

此后，民国政府对于如何利用天坛一直没有明确的规划。由于天坛场地开阔，1913年、1914年，这里举行过两届华北运动会。1914年年底，袁世凯还在天坛举行过祭天仪式。此后，天坛无人管理，日渐荒疏。

1917年，内务部再次把开放天坛提上日程。内务总长指示礼俗司："现在祀天典礼业已奉令缓行，天坛地方关系古迹，应赶于阳历新年开放俾人参观。"

内务部查清天坛树木，给所有树木挂牌编号，还测绘了天坛全图。就在此时，张勋率领"辫子军"进入京城，要拥立溥仪复辟。辫子军屯兵天坛，进行到一半的整修工作不得不中止。不久，冯玉祥等人率领"讨逆军"杀到北京，两股军队在天坛展开激战。这一战，天坛受损严重，许多树木和古迹遭到破坏。

张勋复辟的闹剧收场后，内务部立即清理战争残迹，并成立天坛办事处筹备开放事宜。经过半年的筹备，1918年1月1日，天坛正式开放售票。

刚刚开放时，天坛门票每张售价银圆3角，仆从入门证每张银圆1角，人力车入门证每张银圆1角，12岁以下儿童免费。

1998年，联合国教科文组织将天坛列入世界文化遗产名录。2018年是天坛开放100周年，这一古老的皇家坛庙园林已然褪去了皇家色彩，成为游客心目中北京的代言人。

1914年，袁世凯在天坛举行祭天大典。图为乐队。

祈年殿内的藻井。

天坛皇穹宇。本片摄于 20 世纪 30 年代。

文 / 陈莹　供图 / 徐家宁　陶然野佬　"西洋镜"编辑部

　皇家重地·天坛公园开放百年

寿皇殿四百年

2018 年年底，景山公园寿皇殿建筑群经过四年的修缮，再次向公众开放。作为北京中轴线上第二大建筑群，也是景山古建筑的核心区域，寿皇殿的开放，使景山公园完整地展现在公众面前。

自 1955 年，寿皇殿一直划归北京市少年宫使用，在不少北京人的记忆中，寿皇殿是少年宫的活动场所，可是在历史上，这里是一处重要的皇家祭祀场所。

寿皇殿建筑群的历史最早可以追溯到明万历十三年（1585 年）。万历皇帝在当时名为"万岁山"的景山北面，修建了寿皇殿建筑群。因为寿皇殿不是永乐年间北京城兴建时规划建设的，万岁山后还有其他建筑，所以万历时期的寿皇殿院落轴线并不与明代北京城的中轴重合，而是整体偏东十几米。

从清康熙十九年（1680 年）的《康熙皇城宫殿衙署图》上，可以看到明代寿皇殿的建筑院落布局。明代的寿皇殿分四进，为明朝皇帝游玩和练习射箭的场所。

顺治十二年（1655 年），清廷将万岁山改名为景山。顺治皇帝曾停灵于寿皇殿。雍正年间，雍正皇帝将康熙皇帝的画像供奉于寿皇殿，从此寿皇殿正式成为祭祀祖先的"神御殿"。

乾隆十三年（1748 年），乾隆皇帝认为明代寿皇殿的位置与北京城中轴线不重合，规模又小于同种功能的圆明园安佑宫，不能体现对祖先的尊重，于是开始扩建寿皇殿，将明代寿皇殿建筑拆除。当时，乾隆皇帝正在将雍和宫改建为藏传佛教寺院，为了避免浪费，于是把本应拆除的明代寿皇殿最后的三座阁楼整体迁建到雍和宫。

乾隆十五年（1750 年），新的寿皇殿完成，位置与北京城中轴线重合，建筑规制仿照太庙，体量和等级都大有提高。

　　经过乾隆朝的改建后，寿皇殿建筑群与北京中轴线完全重合。图为从景山山顶北望，依次可见寿皇殿门、寿皇殿、地安门、鼓楼，呈现出一条完美的中轴线。

1900年，侵入北京的法军司令弗雷在寿皇殿前。

　　乾隆皇帝将之前供奉在其他地方的清帝画像都移到寿皇殿，并规定以后故去的皇帝、后妃御容像及印玺都要供奉于寿皇殿中。寿皇殿内部安置有大龙柜，柜内收藏着清代皇帝、后妃的各类画像。每年正月初一、清明、中元、霜降、冬至、万寿、除夕七个节令，皇家都要在寿皇殿举行盛大的祭祖仪式。

　　新寿皇殿大门外添建了三个牌坊组成的牌坊院一座；宫门外东、西、南三座牌坊，都是四柱九楼的最高等级牌坊；夹杆石上有石镇兽，戗柱下有石戗兽，坊额均为乾隆帝所题。

　　1900年庚子事变，八国联军占领北京后，法军侵占了景山。法军司令弗雷将该殿作为法军司令部。寿皇殿藏品受到法国侵略者的劫掠和破坏。1901年联军撤军时，寿皇殿的画像和玉玺被弗雷和其部属掠走了几十箱。这些藏品至今仍流散在世界各处。1928年，景山被民国政府开辟为公园，寿皇殿残存的画像收归故宫保存。

1955 年，寿皇殿交由少年宫使用，原存神龛、家具等物品移交故宫。1981 年 4 月 10 日晚，由于用电不慎引起火灾，寿皇门被全部烧毁，后重建。

2013 年 12 月，寿皇殿建筑群正式回归景山公园，并于 2016 年 4 月起开始修缮。经过四年的修缮，寿皇殿建筑群恢复到清乾隆十五年的历史原貌。

寿皇殿建筑群的变迁印证着明清北京历史的变化，也见证了北京中轴线的形成过程。

上图：寿皇殿牌坊。本片摄于1930 年。

下图：寿皇殿前的铜鹿。本片摄于1901 年。

皇家重地·寿皇殿四百年

　　寿皇门（戟门）为内院正门，黄琉璃筒瓦歇山顶，面阔五间，进深三间，四周有汉白玉石栏杆，台阶中有二龙戏珠丹陛石一座。本片摄于 1925 年。

　　清末，寿皇殿内景。

1906年的寿皇殿。

皇家重地·寿皇殿四百年

　　寿皇殿碑亭。寿皇殿前各有碑亭一座，八角重檐攒尖顶，四面环廊，有独立台基，高度和寿皇殿相同，四周有石护栏。亭内各有石碑一座，东西分别用满、汉两种文字题写。碑阳为乾隆御笔《重建寿皇殿碑记》。本片摄于 1925 年。

文 / 供图　韩立恒

大高玄殿的宫闱秘事

　　"大高玄殿"这个名字，您听起来可能不陌生，但它具体在北京哪儿、是干什么用的，却很少有人能说清楚。这里，我们就为您讲讲大高玄殿的故事。

　　紫禁城外西北侧、隔筒子河与皇宫相望处，坐落着一片红墙碧瓦的宫殿建筑，这里就是明清两代沿用了 370 年的皇家道观——大高玄殿。作为紫禁城宫殿建筑的重要补充，这里与皇宫有着密不可分的关系。故宫博物院自 1925 年成立以来，大高玄殿就隶属于故宫管理。1950 年，大高玄殿被有关部门借用，直到 2010 年才在各方呼吁下归还故宫，并在 2013 年完成了最终的腾退移交工作。如今，"大高玄殿研究性修缮保护项目"已经取得了阶段性成果（完成文物建筑本体修缮）。

　　大高玄殿主体建筑从南至北依次是牌坊、习礼亭、一重山门、二重山门、大高玄门、钟鼓楼、大高玄殿、九天应元雷坛、乾元阁。

除牌坊、习礼亭等在 20 世纪 50 年代被拆除外，其余建筑均保存至今。大高玄殿作为明代皇家修道的重要场所，除了精美的皇家建筑外，还发生过一些宫廷往事，很有意思。

　　大高玄殿是明嘉靖皇帝"修玄"的重要场所，供奉着道教"三清"，分别是玉清元始天尊、上清灵宝天尊、太清道德天尊。明嘉靖二十一年（1542 年）四月初十，因大高玄殿工成，笃信道教的嘉靖皇帝下令，十日内停刑止屠、百官着吉服办事、大臣各斋戒，分别遣官至宫、观、庙行礼，并特遣英国公张溶至南京朝天宫等祠庙致祭，可见大高玄殿在皇帝心中的至尊地位。

　　嘉靖二十六年（1547 年）十一月初一，嘉靖皇帝偕宫眷至大高玄殿斋醮，就是做焚香、念咒、化符的道场。一连做了五日，正是人困马乏之时，或因道士焚香不慎，霎时火起宫墙，道场上正处于眩迷中的嘉靖皇帝

大高玄殿位于北海之东、景山之西，始建于明嘉靖二十一年（1542 年），是皇家御用道观。图为 1900 年前后的景山、大高玄殿牌坊和习礼亭。

被人拖离火场。这时，明宫史上悲剧性的一幕上演了：大火燃烧之际，有太监急禀皇帝，方皇后尚在殿内，请人速救。可是这个性格乖戾的嘉靖皇帝竟然不予施救，"中官请救后，上不应，方后遂崩"。可怜这位出身明故都南京的年轻皇后，就这样在丈夫的漠视下葬送了性命。要说皇帝见死不救，并不是没有根由，就在大高玄殿刚刚建成的半年后，十几位宫女在乾清宫差点儿将嘉靖皇帝勒死，多亏方皇后及时赶到，才解救了皇帝，处置平息了一场骇人听闻的弑君之乱，这就是历史上著名的"壬寅宫变"。方皇后虽然救驾有功，但在事后处理宫人时，将皇帝喜爱的端妃曹氏也列为同谋，在宫中处决。清醒之后的嘉靖帝对此颇为怀疑，埋下了怨恨

皇后的恶因，终于在五年之后，导致了方皇后殒命大高玄殿的悲剧结果。

明代文秉的《先拨志始》中也记载了一则发生于大高玄殿的故事。万历宠妃郑氏，为谋立自己的儿子朱常洵为太子，乞万历帝于大高玄殿焚香立誓，并御书立常洵为太子的誓词封藏在玉匣中，交郑贵妃保存。待万历二十九年（1601 年）十月，万历帝正式册立皇长子为太子后，命人至郑贵妃处寻玉匣，发现匣上封缄完好，启开看视，"内所书已蚀尽，只存四腔素纸而已"，万历皇帝对此"悚然异之"，以后便不再至大高玄殿了。记述此事的文秉为当时大学士文震孟之子，属东林党人，所记明宫隐事或为亲历，或为故老相告，此事亦可作为"国本之争"的一则插曲。

大高玄殿内存放着许多故宫档案。本片摄于
1925 年至 1933 年。

大高玄殿。喜龙仁摄于 1925 年。

皇家重地·大高玄殿的宫闱秘事

大高玄殿内
玉清元始天尊供案
与牌位。本片摄于
1925年至1933年。

大高玄殿习礼
亭。喜龙仁摄于
1925年。

大高玄殿钟
楼。喜龙仁摄于
1925年。

大高玄殿"弘
佑天民"牌坊。喜
龙仁摄于1925年。

文 / 供图　王志伟

　　　　皇家重地·大高玄殿的宫闱秘事

万寿寺：京西小故宫

北京的寺院虽多，但能跟故宫相比的，只有号称"京西小故宫"的万寿寺。让人纳闷儿的是，别看它就在车水马龙的西三环，但大部分北京人只是听说，却没进去过，不知里面别有洞天。2022 年，这座昔日皇家庙宇经历 125 年来的首次大修后，重焕光彩。

回看老照片，这里曾经是曝光率很高的景点，不仅介绍北京的画册都会提及，很多外国人的私人相册里也少不了万寿寺。它怎么一度成了旅游打卡地，又被逐渐遗忘了呢？

万寿寺始建于唐，原名聚瑟寺。明朝时，万历皇帝的母亲、曾经垂帘听政的李太后，担心儿子亲政后忌惮自己，就把这个小庙改成大寺，赐名"万寿"，意思是自己一心向佛，已无心朝政。大名鼎鼎的永乐大钟也曾迁到这里悬挂，"闻声数十里，其声时远时近"。

因"万寿"之名非常吉利，清乾隆皇帝曾先后三次在此为母祝寿，并大兴土木，扩建此寺。从当年留下的《香林千衲图》来看，寺中张灯结彩，长街百货杂陈，对岸的大戏楼演着吉祥喜庆剧目，楼畔上千名和尚诵经为太后祈福祝寿，可谓盛况空前。"京西苏州街"一说，就是这么来的。

不过，乾隆皇帝大修过的万寿寺在 1860 年英法联军进京时惨遭焚掠；光绪初年，又毁于火。现在的万寿寺，主要是慈禧下令建起来的，她使这一寺庙升格成了行宫，还有"小寿宁宫"之称。慈禧偏爱这里，传说是因为她曾发迹于此。

光绪初年，慈禧正谋划二次垂帘听政，太监李莲英颇会揣摩上意，就让万寿寺的僧人制作了一尊观音菩萨像，面容与慈禧相仿。

万寿寺前临长河，慈禧坐船去颐和园，必定在此拈香礼佛、休息更衣。待慈禧至此，僧众山呼"太后老佛爷"，并把她领到大殿的三世佛后，果见一慈眉善目的观音端坐于

从左至右分别是乾隆御碑亭、无量寿佛殿、光绪御碑亭、西洋门和万佛楼。日本摄影师山本赞七郎摄于 1899 年。

皇家重地·万寿寺：京西小故宫

东路方丈院的月洞门。曾在万寿寺当过战俘的佩克哈默，后来成了摄影师，善于使用"借景"手法。

一名僧人站在万寿寺弥勒殿前。佩克哈默摄。

此。"万寿寺双佛显圣"的故事越传越神,"老佛爷"这个称呼也就叫起来了。

慈禧自比观音转世,心安理得地独揽大权,还照了不少扮作观音的"艺术照"。不过,"老佛爷"毕竟是个绰号,只能背后叫叫,清宫戏里一口一个"老佛爷",那都是戏说。

光绪二十年(1894年),慈禧太后借六十寿辰,挪用海军军费,不仅重修了颐和园,也顺便修了万寿寺。大修中,扩建了延寿殿,增建了千佛阁,新建了专门用于梳妆的日照楼,就连周边的良田也被圈进来,算是寺院的专属菜园。

历经清代三次重修扩建,万寿寺有了三路七进的庞大格局。其中,中路为典型寺院,庄严雄伟;西路为帝后行宫,富丽堂皇;东路为方丈院,简朴恬淡。最难得的是,在中路建筑之后,还有一花园,曲栏回廊,御书碑亭,苍松翠柏,简直就是御花园的缩影。能够集明清寺院、慈禧行宫、皇家园林于一体,难怪民间把这里称为"小故宫"。

寿辰当日,仅万寿寺就搭彩棚55间、彩坊38处,如此铺张,难怪时人评论慈禧是"只管自己万寿无疆,不顾国家疆土全无"。

皇家家庙老百姓不能擅入,只有每年四月初一至十五,桃花盛开时,这里才对外开放。当时还留下"万寿寺弯腰——顶上见"的歇后语,意指西顶娘娘庙(坐落于长春桥北)和万寿寺两大庙会同期,且相距仅七八里,在万寿寺赶会的熟人相见之后,只拱个手,等西顶娘娘庙进香后,才坐下聊天。

清朝灭亡后,西院行宫差点被万寿寺僧人拍卖给木材商,要不是五台山普济佛教会出资回购,早就拆光了。

慈禧恐怕没想到,自己的行宫还当过战俘营。"一战"后,奥、德两国作为战败国,其在华军事人员成为战俘。北洋政府不敢得罪洋人,就把战俘营设在万寿寺内,让德、奥战俘们住在行宫,吃着大餐,喝酒弹琴,悠然惬意地享受着贵族生活。正因为如此,万寿寺也受到了外国摄影师的关注,留下了许多不同于一般风景照的艺术佳作。

　　最后一进院子用巴洛克风格的"西洋门"与外界隔开，而这种规制的门只在圆明园出现过。据说是乾隆皇帝亲自指示，从圆明园中移植设计元素过来的成果。

日本侵占东北之后，流亡同胞流落京城，行宫内曾办东北大学，学生人数最多时达200余人。1937年，万寿寺又成了戒毒所，由于电路短路，致使藏经阁（万寿阁）及附近建筑均被火焚毁。再后来，这里成了军营，中华人民共和国成立后由部队接管，山门一关数十年，躲过了"文化大革命"劫难，也让老百姓日益陌生。

直到1987年，万寿寺的中路才作为北京艺术博物馆对外开放，但规模只相当于过去的一半。历经5年修缮，万寿寺80%的古建重获新生，修缮面积接近1万平方米。重新开放的展厅和院落面积增加近1倍，馆藏的12万余件文物也有了更多的展示空间。2022年9月16日，万寿寺重新对公众开放，已成为"北京发烧友"的热门打卡地。

雪后万寿寺。这张照片是透过万寿阁西侧门洞向南边看，万寿阁在民国年间曾毁于大火，现已重修。

西路前正殿内奥国士兵在打牌。佩克哈默摄。

文 / 孙文晔　供图 / 徐家宁

皇家重地·万寿寺：京西小故宫

清末明陵的第一批游客

1901 年的一个秋日，英国旅行家立德夫妇前往距京城 30 多公里的明十三陵郊游。经过长途跋涉，立德夫妇从十三陵前巨大的石牌坊进入陵区。此前他们已经游览过南京的明孝陵，但明十三陵的壮美仍然让他们赞叹不已。让他们印象最深的是站立在神道两侧的石人、石兽，古代称之为"石像生"。立德夫人认为，这里的石刻不像明孝陵的那样巨大、凶猛，令人望而生畏，却更为精致，而且保存得更加完好。与保存完好的石像生相比，埋葬永乐皇帝的长陵则显得十分破败。长陵的三座汉白玉桥已经坍塌，许多建筑被破坏。立德夫妇穿过一片麦地和果园，才艰难地找到通往陵区的道路。长陵的陵区虽然破败，但是用金丝楠木建成的大殿，仍隐隐有香气。

明十三陵作为前朝皇陵，有清一代仍然受到官方保护。清朝统治者不仅派专人守陵，

还不时派遣地方官进行管理。当时，普通人游览十三陵是不可能的事情。直到清末，陵区管理松弛，外国人才成为十三陵的第一批游客。由于文化差异，当时居住在北京城内的外国人，生活非常单调，除了办舞会，利用假日到北京周边景区郊游成为他们的主要消遣。十三陵自然成为他们必去的景点之一。

与看热闹的西方旅行者不同，一贯对中国文化有深入研究的日本人，在游览十三陵时有更深的见解。1899 年 9 月 24 日，日后成为日本著名史学家的内藤湖南与朋友相约前往十三陵游览。他们一行人骑驴从昌平南口出发，大约经过 10 公里路到达陵区。十三陵规模宏大，无法看尽，于是他们决定先参观明成祖的长陵。当时长陵尚有人看守，内藤等人费了不少口舌和贿赂，才令守陵人打开陵园大门。长陵祭殿（裬恩殿）宏大的规模，汉白玉栏杆上精美的雕刻，令内藤十分叹服。

石像生是帝王陵墓前安设的石人、石兽。十三陵的石像生在碑亭至龙凤门的神路两侧。共有石兽24座（狮、獬豸、骆驼、象、麒麟、马各4座，均2卧2立），石人12座（武臣、文臣、勋臣各4座）。

清末起，十三陵就成为外国游客的必到景点。图为1903年美国大使馆组织职员和家属前往十三陵郊游。

祾恩殿中央放置着一个朱漆剥落的神龛，上刻"明成祖文皇帝"6个字。根据字体以及"明"前未冠以"大"字，内藤推测这应该是乾隆时期改置的。龛前的桌上放置着花瓶、烛台、香炉，气氛庄严肃穆。穿过祭殿，明楼立在陵丘前，内有一块大理石碑，雕有"大明成祖文皇帝之陵"9个字。与今人诟病中国游客常常在文物上刻"到此一游"相似，内藤发现当时石碑上有不少外国游客的字迹。

民国成立后，明十三陵正式成为一处旅游景点。20世纪30年代，由马芷庠先生编写的《北平旅行指南》中就专门介绍了十三陵。那时，从北京城到十三陵的交通也大为改善。1933年，

明十三陵陵门是中国现存最大的石牌坊，它是一座六柱五间十一楼的超大彩绘石坊，高 16 米、宽 35 米。图为清末一名骑驴人经过石牌坊。

清末，十三陵已经十分破败，大殿房顶和庭院长满了杂草。

从石牌坊进去就是十三陵的神道，神道由石牌坊、大红门、碑亭、石像生、龙凤门等部分组成。如今十三陵神道已经铺设了柏油马路，但清末时这里还是烂泥地。

曾在中国海关任职的美国人阿灵顿，选择从颐和园乘汽车前往十三陵参观。除了这条路线，西直门和昌平南口之间也已经通了火车。由于时局不稳，国家贫弱，民国时期对十三陵的保护几乎为零。阿灵顿看到，长陵牌楼上的精致彩绘已经变成灰色，周围的树木大部分已被砍去烧火。即便如此，十三陵的恢宏气势仍令阿灵顿感到震撼，他认为十三陵是"中国建筑艺术的绝代杰作"。

直到中华人民共和国成立后，十三陵的保护工作才走上正轨。作家赵珩回忆，20世纪60年代，他经常与同学们骑车去十三陵郊游，从德胜门骑车到十三陵大约要两个小时。那时城区到十三陵只有一条柏油马路，路上的汽车还没有马车多。当时定陵尚未开放，学生们只能从外面张望陵区建筑的绿瓦红墙。如今，明十三陵早已成为北京周边必去的景点之一。昔日的神秘与荒凉已经褪去，那些壮丽的石刻与建筑仍一如既往地向游人诉说着历史的变迁。

十三陵前的石像生用整块巨石雕成，体态高大，造型生动，雕刻精细，堪称精品。许多游客都喜欢与石像生合影，也有不讲文明的外国游客骑到了石像生的背上。

长陵大殿内部。山本赞七郎拍摄于 1906 年。

十三陵前的汉白玉华表。

文／郭家玮　供图／十三陵管理中心

　　　　　皇家重地·清末明陵的第一批游客

京华胜景

那家花园的主人题写了"清华园"

1903 年至 1909 年，法国驻华武官拉里贝在北京拍下了一系列摄影作品，他是东交民巷法国兵营的头头，也是一家明信片机构的主理人。这些摄影作品都是很有价值的历史影像。

在品鉴考证的过程中，有几张照片一直无法确认，其中两张陈设典雅的厅堂内景照片、一张园林精致的花园外景照片，尤其引人注目。

几年过去，与同好再做探究，发现这三张照片竟是大名鼎鼎的那家花园旧照，真是双重惊喜：那家花园已近乎消失，旧影也是寥寥几幅，此次不光解了多年谜题，还有幸一窥真容。

金鱼胡同的那家花园，是清末民初京城首屈一指的名园，主人是清末重臣那桐。他是叶赫那拉氏的佼佼者，晚清"旗下三才子"之一，曾在外交、财政、民政等诸多部院衙门主持大局，同外使和北洋政府也有很深的关系，可谓既会做官又能理财。

清华大学的"清华园""清华学堂"就是当时负责学部的那桐所题，北京的第一条新式马路东安门大街也是他参与修建的，他还参与了北京早期警察制度的创建，的确是当时显贵里的一流人物。

那家的宅院花园也是一流的，当年这宅邸是出了名的大，大到什么地步呢？说半条胡同都是那家的亦不为过。从今天金鱼胡同东口起，一直到台湾饭店，当年路北一溜儿宅门，都是那家的。

1952 年建成的和平宾馆，也只是用了那家的马号。那家起初是用房参股，陆陆续续，又作价将西大院、两个带垂花门的并列宅院，以及花园、宗祠，都转给了和平宾馆，成为宾馆东院。1976 年大地震前，池塘填平改了舞池，1984 年 8 月开拆东院大部分建筑。而

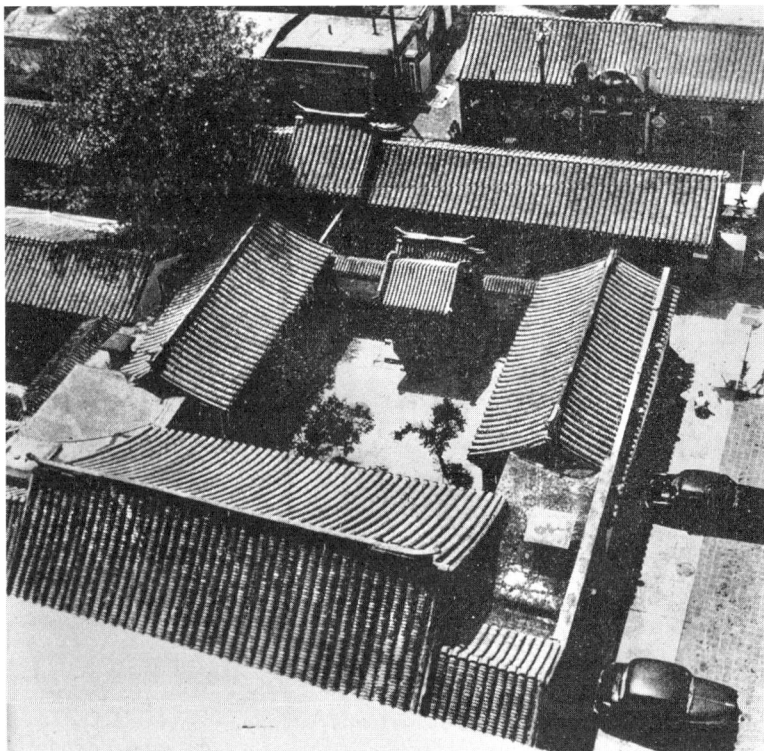

靠东头的乐真堂，则另有所属，并于1977年拆除，转年盖起了临街的北计大楼。京城再无那家花园，只剩下一座翠籟亭、一座六角井亭和一些假山，以及门前的两个大门墩，低声细语诉说着模糊的过往。

那家花园名为怡园，拉里贝所重点拍摄的，就是怡园核心部分——味兰斋。那桐在光绪三十三年十一月十三日（1907年12月17日）的日记中，记录了这次拍摄："早法国使馆拉里伯（拉里贝）来照相。"

我们不妨想象一下，和那桐私交不错的拉里贝，冒着北京的冬日寒气，带着摄影器材，一路由东交民巷到了金鱼胡同，进到怡园，往左一转，就站在了味兰斋和吟秋馆之间，镜头向北，将斋和馆的侧影收入，尤其拍到了吟秋馆北侧山墙搭出的两卷抱厦。正面是两者之间的游廊，透过游廊，隔池将"水涯香界"摄入镜头，并请园中人做参照，拍下了这张珍贵的外景。

没拍到的则有味兰斋东北侧三间两卷的澄清榭，园子北的双松精舍和宗祠，再加吟秋馆东的翠籟亭、筛月轩，以及居于中间的池沼山石。池西叠有玲珑石与黄石，池东堆为青石小山，六角井亭则掩立于山后，可谓台榭精雅、景致疏朗，饶有水石之趣。

而后，摄影师由南面进入了味兰斋，斋有两卷，南有抱厦，勾连搭的两卷厅堂，是书斋也是会客厅，斋内东有碧纱橱，西有落地罩、博古架。

　京华胜景·那家花园的主人题写了"清华园"

写有"嫩寒庭院
初来燕，杨柳池塘欲
上鱼"联的翠籁亭。
此亭与假山后井亭为
那家花园仅存的旧
建筑。

拉里贝拍摄的那家花园外景，左为味兰斋，右为吟秋馆，对面透过游廊可见"水涯香界"。左立者为园主人那桐。

拉里贝拍摄
的那家花园味兰
斋内景，靠南的
会客厅部分，有
那桐五十岁寿辰
时慈禧、光绪所
赐御笔。

那家花园味兰斋内景，靠北的书斋部分，有庆亲王题匾。拉里贝摄。

京华胜景·那家花园的主人题写了"清华园"

斋南抱柱上有联："竹林诸贤相与俯仰，山阴之兴岂在古今。"显然这里是会客厅的入口，进门上方，正中挂有"静观堂"匾，正是这块匾的题识里有"琴轩"，可知是题赠主人那桐的（那桐字琴轩）。这两个字成为确认照片为那家旧照的一个有力证据。

迎面则挂有那桐五十岁寿辰时，慈禧御赐"亮功锡羡"匾额及"辑慕敦槃资荩画，调和鼎鼐迓藩厘"对联，以及光绪御笔"福"字斗方，这是光绪三十二年（1906 年）七月二十三日送来的，那桐正是这一年被授体仁阁大学士。后来，也许随着帝后崩逝，移到宗祠供奉。

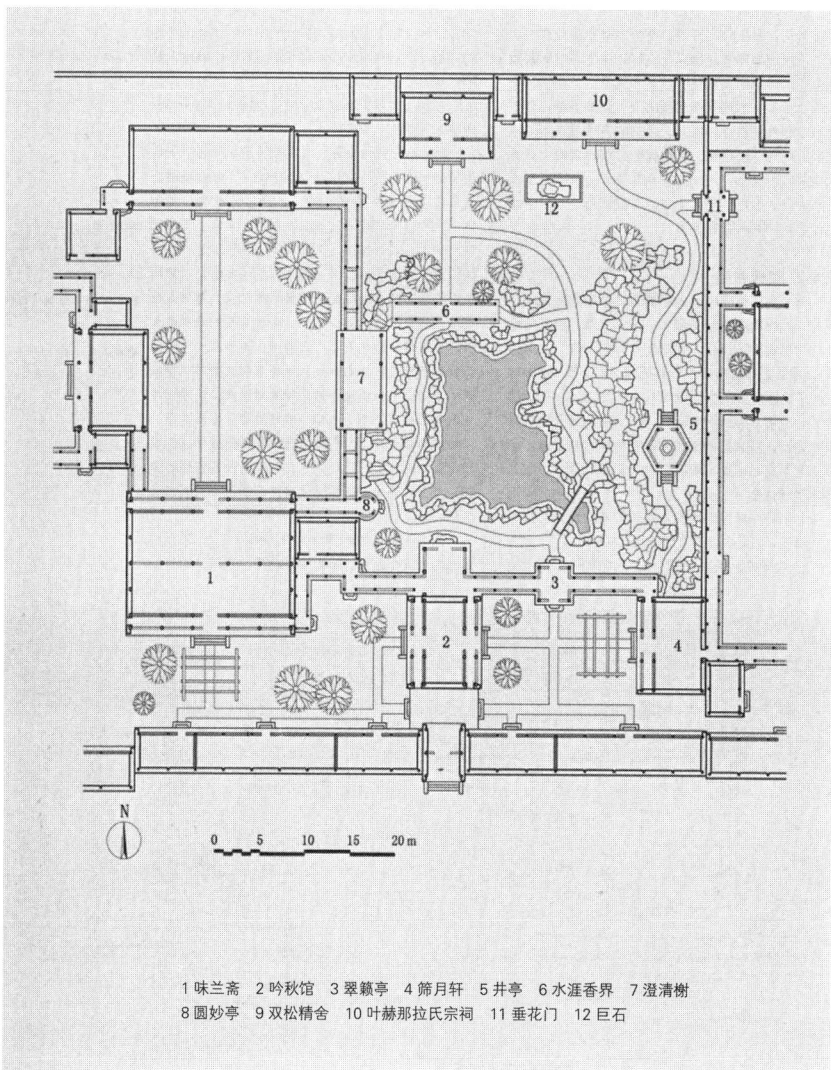

1 味兰斋　2 吟秋馆　3 翠颖亭　4 筛月轩　5 井亭　6 水涯香界　7 澄清榭
8 圆妙亭　9 双松精舍　10 叶赫那拉氏宗祠　11 垂花门　12 巨石

那家花园布局图，引自《北京私家园林志》。

照片还纠正了那桐日记里的一个笔误，日记将"亮功锡羡"写成了"亮工锡羡"。味兰斋北面也有门，对联则是"万卷图书天禄上，四时云物月华中"。显然门内是个书斋，藏有《古今图书集成》及《大清会典》等大部头，斋内则有庆亲王题匾"含章蕴萃"。室内陈设以传统为主，偶有西洋物品点缀，倒也颇有韵致。

　　怡园的东侧就是乐真堂，檐下挂白篆字楠木匾，南为家庙遂初庵，隔金鱼胡同正对青年会大楼，这三卷五开间的宽广深邃的建筑，是京城顶级的社交场所，再加上主人的特殊地位，更是拥有了无可比拟的竞争优势。

　　此处不仅有戏台可办堂会，谭鑫培、梅兰芳、杨小楼等大腕儿常来登台，甚至献出绝唱；还可以大摆宴席，北洋政府经常在此接待贵宾政要；也可以登台演说，最著名的一次是1912年孙中山先生进京，不到半月时间三次来此参加欢迎会，在乐真堂里孙先生发表了演说。

那桐（右）和弟弟在那家戏台。

文／供图　李哲

　　京华胜景·那家花园的主人题写了"清华园"

漪澜堂：让乾隆流连忘返

2022年12月29日，坐落于北海琼华岛北坡的漪澜堂，历时三年修缮、恢复清乾隆时期风貌后，终于又开放迎客。

漪澜堂肇建于清乾隆十六年（1751年）。乾隆第一次南巡时，在江苏镇江看到金山寺，见寺、见塔、不见山，对此极为欣赏。回京后，他命人仿照金山寺"寺包山"的设计手法，在北海太液池畔、琼华岛上修建一座园林，赐名漪澜堂。其中建有漪澜堂，堂前为碧照楼；左为道宁斋，斋前是远帆阁。四座楼阁被西起分凉阁、东至倚晴楼的临水长廊围起，形成"屋包山"之势，颇有"江天一览"之感。

亭台错落的漪澜堂，让乾隆皇帝流连忘返。他夏天来此临水赏荷，冬天观赏冰嬉大典。据说，他还经常在漪澜堂前湖垂钓，并将垂钓之物赏赐文武大臣。有时，乾隆在漪澜堂赐宴群臣和来华使节，参与修建圆明园的外国画家郎世宁、蒋友仁就曾被赐宴。一

时间，"前湖垂钓，后堂烹食"，成为乾隆皇帝给予文武百官的极高待遇。

1925年，北海公园对公众开放。漪澜堂由皇家游憩、宴饮之所变为公园里最大的茶楼。鲁迅、冰心、沈从文等文人雅客都曾在此喝茶会友。民俗学家邓云乡称，这里有最好的座位、最好的茶食、最好的点心。"坐在水边，喝着香片茶，嗑着瓜子，吃着玫瑰枣等茶食，闲谈着，望着龙楼凤阙边特有的蓝天和变幻的白云，听着划船人的笑声、桨声，在大蓝布遮阳下面水中阳光闪动着金波，小燕子像穿梭一样飞来飞去……"

虽然"旧时王谢堂前燕，飞入寻常百姓家"，但这一时期，在漪澜堂喝茶、吃点心，消费并不低。20世纪30年代中期，刚工作不久的朱光潜就曾感慨，北海对他来说是一种奢侈，"好比乡下姑娘唯一一件漂亮衣，不轻易从箱底里翻出来穿一穿"。经济收入

民国时期，北海琼华岛北坡的临水延楼游廊、碧照楼及远帆阁。

京华胜景·漪澜堂：让乾隆流连忘返

不高的普通百姓，不常去北海消遣。"但偶去一次北海，也要坐坐茶座，全家每人吃碗馄饨或吃盘包子，花个块儿八毛的，这就是北京人的谱儿。"

春夏赏花喝茶，进入冰封时节，北海湖面就变成天然的溜冰场。青年男女们三三两两，驰骋冰场，热闹非凡。1926 年 1 月 31 日，北海漪澜堂前，举办了北京首场"化装溜冰大会"。《晨报·星期画报》特辟专号报道了这一盛会："中外男女各半，怪装异饰，无奇不有，或捉襟见肘，或腰大盈丈，更有西妇九人饰马牛羊兔之属，观者无不捧腹。最奇者，饰火锅，白菜，莲花，蝴蝶，汽船，印度妇人等等，使人绝倒。是日先举行跳舞，次为各项竞走，三时开会，至五时半分，则给予奖品尽欢而散。"当天，北海冰场内外、周围的小山包上、金鳌玉蝀桥上都站满了观众，盛况空前。此后，北海公园在漪澜堂前的冰场连续举办了 12 届溜冰大会。

除了喝茶、溜冰，提起漪澜堂，很多老北京人都会想到仿膳。1925 年，赵仁斋、孙绍然等原清宫御膳房的厨师合伙在北海公园北岸开设了一家茶社，取名"仿膳"，意为仿照御膳房的制作方法烹制菜点，经营清宫糕点小吃及风味菜肴。1959 年，仿膳饭庄由北岸迁入漪澜堂古建筑群，逐渐成为接待外宾和政要的场所，一驻就是多年。

在各方的努力下，仿膳饭庄于 2016 年完成腾退。此后，北海公园邀请专家，按照清史档案，调阅"样式雷"烫样的全部内容，对漪澜堂文物古建进行精心修复。漪澜堂历经 200 多年风雨变迁，功能几经转变后，终于恢复了历史原貌。

漪澜堂外围，西起分凉阁、东至倚晴楼，是一条数百米长的临水游廊。图为 20 世纪 20 年代倚晴楼城关及延楼游廊。喜龙仁摄。

20 世纪 20 年代，北海琼华岛分凉阁。喜龙仁摄。

京华胜景·漪澜堂：让乾隆流连忘返

北海漪澜堂内，晴栏花韵堂前的霓裳曼舞戏台。喜龙仁摄。

民国时期，在北海公
园划船的游客。

民国时期，北海
漪澜堂茶座上的时髦
女郎。

文／张小英　供图／北海公园管理处　陶然野佬

　　　京华胜景·漪澜堂：让乾隆流连忘返

北京最早的艺术风光照

关于北京的老照片，以前人们更多是关心它的文献性，然而德国摄影师佩克哈默的作品让我们见识到百年前摄影师的艺术追求。摄影不单纯是对客观世界的重现，它还是一种再创作。通过佩克哈默的照片，我们感受到了老北京独特的诗意之美。

汉茨·冯·佩克哈默，1895 年生于德国一个经营照相馆的家庭。他的父母都从事过照相馆业，佩克哈默从小耳濡目染，长大以后也始终是照相机不离手，走到哪儿拍到哪儿。佩克哈默年轻时加入德军，被派到中国，由此与中国结缘。1917 年至 1927 年，他在中国居住了十年之久。这期间他几乎走遍大江南北，留下了许多令人叹为观止的摄影作品。作为 20 世纪上半叶的摄影家，佩克哈默的作品极具个人风格，他的作品诗意、朦胧，堪称画意摄影的佳作。

虽然颐和园、玉泉山都是人们早已熟悉

的风景，关于这些风景的照片可以用汗牛充栋来形容，但是佩克哈默镜头下的颐和园却有一种别样的风致。在他的作品中，无论是晨雾、建筑、江河、风光，还是行人、街市、胡同，甚至雨后泥泞的街道，都十分注意光影、阴影、质感与层次。由于喜好侧逆光，他的作品总是呈现出一种朦胧、细腻的独特美感。许多作品甚至具有国画般的情趣。许多研究者认为，这些摄影作品可以与中国古代的文人画互为参照，让人从中感受东西方的美学差异。

这组照片为 20 世纪 20 年代初佩克哈默所摄的北京风光，其中包含故宫、颐和园、北海等地。从画面中，观者不难体会出浓浓的东方情调。佩克哈默的作品，无论是选景还是构图都带有十分强烈的个人风格。他的摄影作品带有很强的柔焦特点，十分注重光影在画面中的作用，风光作品充满一种朦胧

摄影师站在昆明湖畔拍摄的万寿山佛香阁。

京华胜景·北京最早的艺术风光照

颐和园石舫。

颐和园十七孔桥。

细腻的美感，意境不凡。他还善于选取一个宏大建筑的局部，使原本威严肃穆的建筑形象变得柔美细腻，将原本常见的平凡景物"陌生化"。在华期间，佩克哈默出版过《北京》和《中国和中国人》等图片集。

佩克哈默不仅在风光摄影方面独树一帜，更有名的还是他的人体摄影。1928 年佩克哈默出版了中国摄影史上的第一本人体摄影集《百美影》。两年后的 1930 年，中国摄影大师郎静山才出版了《人体摄影集》。《百美影》中共有 31 张照片，照片不但带有朦胧的东方情趣，而且视觉风格统一和谐，在中国摄影史上具有很高的艺术价值和历史价值。

上图：牵着骆驼的北京小小子。
下图：正在喝茶的北京老大爷。

从颐和园长廊拍摄的玉泉山塔。

颐和园铜牛。

一条车水马龙的大街。

供图／"西洋镜"编辑部

京华胜景・北京最早的艺术风光照

北京角楼

提起北京角楼，您可能首先会想到紫禁城角楼。其实，不但紫禁城有角楼，北京内城、外城也都各有四个角楼。明《英宗实录》载："四年四月丙午，修造京师门楼、城壕、桥闸完……城四隅立角楼。"也就是说，明正统四年（1439 年），北京内城完工时，就已经在四个角建了角楼。明嘉靖三十二年（1553 年）外城完工时，外城四个角的角楼也落成了。角楼自古就是中国城池中不可或缺的一部分，它不单是标志性建筑，也起到警戒、瞭望的作用。

北京内城的四个角楼建在突出城墙外缘的方形台座上，台座与角楼加起来高达 29 米，底边长约 40 米。角楼的外观与城门箭楼十分相似，只不过它比城门箭楼更宽大，也更厚实。北京有句俏皮话，"脸比城墙拐弯还厚"，可见角楼的坚固。巍峨的城墙与坚固的角楼

相得益彰。难怪 20 世纪 20 年代，瑞典学者喜龙仁将它称为"巨堡"。过去，北京内城角楼内是京城比较荒凉的地方，除了内城西南角楼被称为"金隅"外，其他三个城角一般都是庙宇、兵工厂、教场、贫民窟或坟地。

内城的四个角楼在庚子事变中都严重受损。后来，东北、西北、西南角楼先后被拆除，唯一存世的只有内城东南角楼，现被辟为明城墙遗址公园。

与内城角楼相比，外城的角楼就小得多了。外城角楼通高 15 米，进深均 6 米，只有两层，给人感觉不像是个战争防御性建筑，倒像是花园中起点缀气氛作用的小亭子。外城西南、东北角楼早在 20 世纪 30 年代就已经拆除；东南、西北两座角楼分别在 1955 年和 1957 年拆除。2016 年复建的外城东南角楼，多少能让您领略到一些老北京的古意吧。

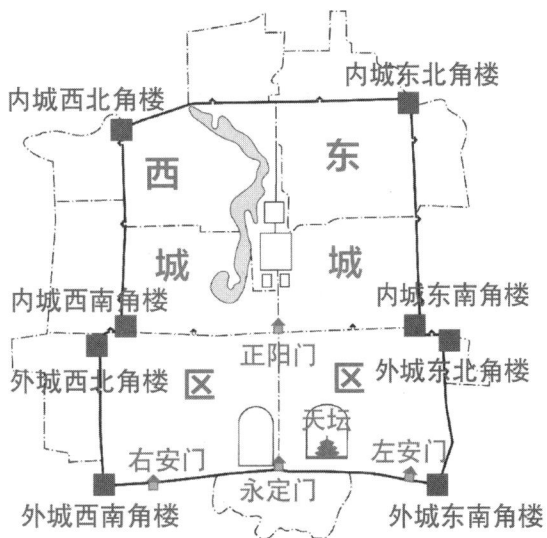

内城西北角楼　　内城东北角楼

西城

东城

内城西南角楼　　内城东南角楼

正阳门

外城西北角楼　区　区　外城东北角楼

右安门　天坛　左安门

永定门

外城西南角楼　　外城东南角楼

北京城曾有八座角楼　制图 /
焦健

　　外城西北角楼，位于西便门附近，楼外是天宁寺塔。这里是去西郊的必经之路，因此常能看到
从京西古道过来的驼队。

　　外城西南角楼，又称右安门角楼，建于明嘉靖三十二年（1553年），为单檐歇山顶一层的城楼，灰筒瓦顶；面阔三间，进深一间，楼连城台通高16.6米；南侧、西侧分别有两层箭窗。

　　内城西南角楼，位于内城西南角。这里是辽金故都"南城"唯一一围入明北京城的一隅。由于这里是去往京西门头沟的必经之路，所以经常可以看到驼队。

　　外城东北角楼，位于东便门附近。1900 年 8 月，八国联军在外城东北角楼东南面架炮轰击北京城。

　　内城东北角楼，位于东直门附近。康熙年间中俄雅克萨之战后，59 名俄国战俘（称为"阿尔巴津人"）被安排住在东直门内，并编入镶黄旗。这些阿尔巴津人中有一位东正教祭司，于是康熙皇帝将东直门内的一座关帝庙改建为尼古拉教堂，供俄国人使用，这就是北京的俄国北馆。1949 年后，俄罗斯东正教会团体撤离中国，北馆成为原苏联驻华大使馆，也就是现在的俄罗斯大使馆。图为 1915 年内城东北角楼东南面。当时为修建环城铁路，部分墙体和墩台被拆除，角楼两侧城墙开辟券洞，供火车穿行。

京华胜景·北京角楼

　　内城西北角楼，位于西直门附近，西北角楼内明代有"安良厂"，就是以生产兵器为主的作坊。清代，这一片归正黄旗管辖，基本上还是练兵场和生产兵器、火药的地方。西北角楼在庚子事变中被俄军炮火轰塌，后残垣被拆除，仅留城台，一直没有修复。20世纪60年代修地铁时，西北角楼城台与城墙一并被拆除。图为1901年内城西北角楼残垣南面，角楼已毁。

　　内城东南角楼，北京现存唯一的角楼。东南角楼内原有北京内城很有名的泡子河，虽然名为河，实际上是湖。这里景色旖旎，映衬着古树、城墙和高大的角楼，是城内一块难得的游览、休憩之地。20世纪50年代末，这里填了泡子河，建起了北京站。图为1905年内城东南角楼东南面，庚子事变时东南角楼受损，此时尚未修缮。

文 / 黄加佳　供图 / 陶然野佬

古塔深藏市井中

当我们在北海公园荡起双桨的时候，琼华岛上的永安寺塔与岸上的柳树、湖中的荷花互相映衬；当我们站在景山之巅，极目西望的时候，胡同、民房和绿树簇拥着敦实的妙应寺塔；当我们驱车沿西二环往南经西便门的时候，可瞥见在众多居民楼中露出尖尖角的天宁寺塔。与这些惹眼的历史建筑相对，浓重的历史感扑面而来。

杜牧诗云："南朝四百八十寺，多少楼台烟雨中。"虽然北京不在"南朝"，但北京的寺庙也非常多。据乾隆年间绘制的北京城地图中标注，内外城共有寺庙 1207 处，几乎每条主要街道或胡同都有一两座寺庙。旧时北京，寺中佛塔与城门城墙一起，勾勒出古城优美的天际线。

"塔"随佛教一同传入中国，原称"窣堵波"，呈馒头状，上有刹，为纪念释迦牟尼而建。"塔"传入中国后与中国的建筑形式相结合，不仅有覆钵式、金刚宝座式等保留西域样式的塔，也有阁楼式、密檐式等极具中国特色的塔。如今这些古塔大都已经褪去宗教的意义，变为北京城历史文化的见证。摩天大楼林立的现代都市中，曾经鹤立鸡群的塔，已经被湮没于水泥丛林中。

也许您不知道，除了前文提到的北海永安寺塔、妙应寺塔、天宁寺塔，京城还隐匿着许多不为人知的古塔。据统计，北京市辖区内留存的古塔仍有近 300 座。这里我们为您介绍的是几座隐匿在三环以内的古塔。

　　梵华楼佛堂大佛塔　故宫宁寿宫花园东北角，有一座清乾隆三十七年（1772年）建的佛楼名梵华楼，面阔七间，高两层。楼内一层中间供奉释迦牟尼立像，两侧六个房间陈列着六座乾隆三十九年（1774年）造的掐丝珐琅大佛塔。

清净化城塔　德胜门外校场迤北，曾有东、西两座黄寺。东黄寺建于清顺治八年（1651年），西黄寺建于清雍正元年（1723年）。它们都是清政府维护民族团结和国家统一的见证。北京旧时谚语有云："东黄寺的殿，西黄寺的塔。""西黄寺的塔"，即指西黄寺西侧塔院内的清净化城塔。此塔建于清乾隆四十六年（1781年）。六世班禅来京为乾隆皇帝祝寿，不幸染病圆寂，乾隆为他修建了这座衣冠冢。塔呈金刚宝座塔式，用汉白玉建造，中间是宝瓶式主塔，四角还各立有一座经幢。塔下是三层基座，上面遍刻浮雕，精美异常。这座塔不临街，且其高度也远低于周围的楼房，因此在街上很难注意到。

真觉寺塔　白石桥路口东北角，沿着河边小路往东不远处是北京石刻艺术博物馆。这座博物馆曾是真觉寺的所在，里面隐匿着一座金刚宝座塔。明永乐年间，尼泊尔高僧班迪达来到北京，向永乐皇帝进献了五尊金佛和金刚宝座塔的模型。于是永乐皇帝许他按照这个模型在真觉寺内修建了一座金刚宝座塔。这座塔于明成化九年（1473年）落成，是中国古代建筑吸收外来建筑文化的杰作，也是北京为数稀少的明代建筑之一。

京华胜景·古塔深藏市井中

　　大慈真如宝殿铜塔　　除了室外的塔，北京还有一些隐匿更深的室内古塔。北海公园北岸，进入"西天梵境"的琉璃门，穿过天王殿，能看到最后一进"黑漆漆"的重檐庑殿顶大殿——大慈真如宝殿。"西天梵境"明代时为经厂，名"大西天"，清乾隆二十四年（1759年）扩建后改为现名。大慈真如宝殿的木结构全部采用金丝楠木构造，未施一分髹漆，保持原木的颜色与纹理，因此看起来黑漆漆的。殿内佛像前原有两座平面八角七层铜塔，塔身遍镶佛像712尊，铸于明万历年间，后毁，2008年重建。

白塔庵塔　西三环紫竹桥附近，有一座灰砖外墙的朴素建筑，那里是中国国家画院。如果能有幸进入，穿过回廊和院子，可以在研究院东北角看到一座覆钵式塔。这座塔名为白塔庵塔，据推断该塔可能建于明代，塔基为方形砖台，上砌石质须弥座，座上叠砌六层青石雕刻仰莲，塔身为青砖所砌，内刻坐佛。尽管这座古朴的白塔有25米高，但隐匿在深院之中，又有绿树掩映，因此很难被人注意到。

万松老人塔　元杂剧《张生煮海》中梅香自述"我家住砖塔儿胡同"。"砖塔儿胡同"即现在西四南大街西侧的砖塔胡同，胡同得名于一座砖塔——万松老人塔。"万松老人"是对金元间高僧行秀的敬称，成吉思汗的股肱之臣耶律楚材曾拜教于他三年。行秀去世后，耶律楚材建此砖塔以纪念，"砖塔胡同"也是文献中提到的最早的胡同名之一，是北京城布局变迁的见证。现在的九层砖塔砌于清乾隆年间，内中包裹着元代的七层密檐塔。如今，塔院开放为极具老北京韵味的书店——正阳书局。

文/供图　徐家宁

老舍眼中的"北京最美大街"

在老舍先生眼中，朝阜大街是"北京最美大街"。他在《骆驼祥子》中曾经借祥子之口这样评价过这条街："这儿什么都有，有御河、有故宫的角楼、有景山、有北海、有白塔、有金鳌玉蝀桥、有团城、有红墙、有图书馆、有大号的石狮子，多美，多漂亮。"

其实，老舍先生笔下的景色是朝阜大街的东段，而阜内大街则是朝阜大街的西段。阜内大街沿途虽然没有皇家建筑的气派，却多了市井生活的亲切。

阜内大街西起阜成门立交桥，东至西四十字路口，是北京最古老的大街之一，至今已有七百年历史。阜成门的前身是元大都的平则门，那时阜内大街称为平则门街。明正统年间，平则门改称阜成门，平则门街也就改称阜成门街。清乾隆年间，阜成门街被分为两段，从阜成门至沟沿（今赵登禹路）仍叫阜成门街，沟沿往东至西四牌楼，则称为羊市大街。1956 年羊市大街的名字取消，统称阜内大街。

阜内大街两侧虽然没有辉煌的皇家建筑，但是文物古迹比比皆是。路北，从阜成门往东一字排开三座古寺：妙应寺、历代帝王庙和广济寺。

这条街上，不但有古迹，近现代重要史迹和代表性建筑也不少。还记得鲁迅先生《秋夜》一文中的名句吗？"在我的后园，可以看见墙外有两株树，一株是枣树，还有一株也是枣树。"鲁迅先生的这处小院就坐落于阜内大街宫门口二条 19 号。鲁迅与周作人兄弟交恶后，搬出"八道湾"大宅，不久便买下了这个四合院。1924 年春天，鲁迅亲自设计改建了这座小院。这里成为他在北京生活的最后一处住所。1956 年，这里被改建为北京鲁迅博物馆。

阜内大街路南靠近西四路口是中国地质

博物馆。地质博物馆是国内建馆最早的博物馆之一，前身可追溯到 1916 年农商部地质调查所创建的地质矿产陈列室。1958 年，现馆址落成，后几经扩建成为今天一流的现代化博物馆。

地质博物馆对面是中国佛教协会所在地广济寺。广济寺始建于北宋末年，距今已有八百多年历史。寺庙最初的建筑，早已毁于元末明初的战火中。明天顺年间寺院被恢复重建。明成化二年（1466 年）被赐名"弘慈广济寺"。可惜的是，1931 年广济寺不慎失火，主要殿堂被烧毁。现在留下来的建筑是 1935 年重建的。

1921 年，历代帝王庙前的景德街西牌楼。1953 年，景德街牌楼因妨碍交通被拆除。在梁思成的呼吁下，牌楼构件、榫卯结构被完整保留。首都博物馆新馆落成后，景德街牌楼被重新安装于首都博物馆大厅内，其正面进行了重新彩绘，背面则保留斑驳古旧的原貌。喜龙仁摄。

京华胜景·老舍眼中的"北京最美大街"

1946 年，车水马龙的阜成门内大街。路中行驶的卡车上载着被遣返的日本人。

出了广济寺往东走，在西四十字路口的两层转角楼是有名的西四新华书店。您可能不知道，这座建筑大有来头，它最初是为了给慈禧太后庆寿而建的。1894 年农历十月初十是慈禧太后的六十大寿，慈禧本来想风光地大办一场。原计划，生日当天她要在紫禁城接受文武百官朝贺，然后銮驾出西华门，走北长街，经西安门大街、西四路口往北，出西直门，直奔颐和园。沿途不但黄土垫道、清水泼街，还要搭建经坛、戏台、牌楼等景观。可是，1894 年 8 月甲午战争爆发，慈禧太后的六十大寿庆典泡了汤，沿途景观也纷纷下马。当时西四路口西北和东北的两座转角楼已经建成。如今，它们分属西四新华书店和中国工商银行。这两座建筑虽然说不上豪华，但是别具一格，记录了一段不为人知的历史。

　　阜内大街全长虽然只有 1.4 公里，但步步是景，您有空不妨去走走，感受老舍先生笔下"北京最美大街"的风韵。

　　1917 年，从瓮城内拍摄的阜成门城楼。阜成门元代叫平则门，京西门头沟的煤车多从此门出入。因"梅"与"煤"谐音，故煤栈客商在瓮城门洞内募捐雕了一束梅花。美国摄影家西德尼·戴维·甘博摄。

　　1918 年 1 月 27 日，由中国人自己筹建和管理的第一家综合性西医医院——北京中央医院正式启用，该医院即北京大学人民医院前身。医院坐落在阜成门大街历代帝王庙隔壁的阜成市场旧址。图为刚刚落成的中央医院大楼。

　　历代帝王庙是供奉祭祀上至伏羲、轩辕，下至明清历代帝王、名臣的场所，是我国唯一一座帝王庙。它建于明嘉靖十年（1531 年），山门东西各有一座牌楼，官员到此"文官下轿、武官下马"，平民百姓严禁从正道通过，只能从阜内大街路南边大影壁后的两座葫芦形门绕道走，所以北京童谣里有"帝王庙，绕葫芦"的歌词。图为 1900 至 1909 年间的历代帝王庙山门，可以看见行人从大影壁后面绕行。远处是景德街西牌楼和妙应寺白塔。

文 / 黄加佳　供图 / 陶然野佬　闻者　徐家宁　北京大学人民医院

北海前，北京城里最大的古桥

前文提到老舍先生在小说《骆驼祥子》中借祥子之口赞道："这儿什么都有，有御河、有故宫的角楼、有景山、有北海、有白塔、有金鳌玉蝀桥、有团城、有红墙、有图书馆、有大号的石狮子，多美，多漂亮。"他所写的这处最具古都韵味的所在，就在北海公园前。如今这里车水马龙，北海、紫禁城和景山各成一体，然而在100多年前的清末，这一带则是由多座牌楼、门楼、坊门、宫墙、大桥构成的封闭空间。

横卧在太液池上的北海大桥是北海与中南海的分界线，这座北京城里最大的古桥，名字几经变化。

桥的前身是元代圆坻（现在的团城）西侧的一座木桥。这座桥结构不同寻常，桥身中段断开，由架设在两条船上的浮桥勾连，如果有船通行，可以随时将浮桥移开。

明初，木桥改为石桥，不过中间仍保留了船上架设浮桥的结构。明嘉靖年间，石桥两端分别竖立起了木牌楼，"金鳌"在西，"玉蝀"在东，金鳌玉蝀桥由此得名。"鳌"是神话中的海中巨龟，"蝀"是彩虹，蕴含着长虹卧波、宛若仙境的意蕴。与此同时，桥的中部也不再架设浮桥，而是用可拆卸的木板相连。到了清乾隆年间，桥中间的木板改为石拱，九孔石桥一气贯通，更是风光无限。

清王朝灭亡后，昔日御苑里的金鳌玉蝀桥成了城市公共道路，普通百姓也可以自由通行。当时一首竹枝词写道："太液荷香夹岸飘，红墙十里路迢迢。东西咫尺通驰道，来上金鳌玉蝀桥。"

早年间，北海与中海在东西两侧有红墙相连，墙上曾各建有一座三门洞门楼式建筑，也就是京城百姓俗称的"三座门"。

"三座门"在北京史地领域是一个非常含糊的称谓，只要是并列的三座门洞，都可

东三座门

团城

玉蝀牌楼

中海

金鳌玉蝀桥

北海

金鳌牌楼

西三座门

北

1901 年航拍图
（金鳌玉蝀桥局部）。

半边风景半边墙。北洋政府期间，中南海成了总统府，出于安保考虑，在金鳌玉蝀桥上建起一道高墙，大桥两侧原本一体的西苑园林，被人为分隔成北海和中南海两部分。

1901 年 的 金鳌玉蝀桥，桥右侧是北海，桥左侧是中海，远处可见老北堂（蚕池口教堂）。

19 世纪 70 年代，"金鳌"牌楼西侧，除去桥面还都是土路。中国摄影师黎芳摄。

京华胜景·北海前，北京城里最大的古桥

向西北拍摄的"玉蝀"牌楼。德国建筑师恩斯特·柏石曼摄于1906至1909年。

　　1932年2月12日，法国"雪铁龙东方之旅"车队历经十个月到达北京。三座门的横墙两端已打通，形成通透的过道，两侧可走行人。

以称作三座门，例如长安街三座门、北上东门和西门、东安里门，以及大高玄殿的大门等，都被称为"三座门"。

北海的东西三座门，建于明代，当时西三座门名为"灵星门"，东三座门名为"乾明门"。清初，两门已经损毁，清乾隆年间重建。清末在西三座门东又增建了两座与其结构、形式相似的门楼，形成三道门楼；在东三座门西边也增建了一座与其结构、形式类似的门楼，形成两道门楼。这样一来，北海前就有五道三门洞门楼。

1912年后，北海三座门所在的区域不再是皇家禁地，交通流量剧增。为了提高通行效率，如果不拆掉三座门，穿墙打洞是唯一的办法。

1932年，北平市政府在东西三座门的三门楼之间各增开了一个门洞，形成并排五个门洞的门楼式建筑。东三座门一带路面宽敞，西边的三座门楼之间距离较长，在墙上开门洞，不仅可以让行人与汽车各行其道，还留有空间来布置绿化带。西三座门所在的区域道路较窄，1929年拆除了两侧的值房和掖墙，形成便道。

1932年2月12日，一列由十几辆半履带结构的汽车组成的特别车队，穿过重重门楼与"金鳌""玉蝀"牌楼，从北海前驶过。他们来自当时法国的一个年轻品牌——"雪铁龙"。雪铁龙车队已经完成了12000公里的东方之旅，即将到达终点——东交民巷的法国领事馆。

沿文津街、金鳌玉蝀桥东行的这条路，尽管只有几百米长，车队走起来却不轻松：金鳌玉蝀桥上有陡坡，团城前要急转弯，北海东西三座门和"金鳌""玉蝀"牌楼更是设置了七道"限宽门"。对于久经考验的东方之旅车队而言，这点儿小麻烦，自然不在话下。

不过，传统园林里的古桥、三座门，还是给日益繁忙的交通造成了很大困扰。来往汽车驶到这里都要钻牌楼、绕团城、爬陡坡、溜峭坡，司机们提心吊胆，还发生过多起交通事故。

1952年，北海西三座门发生了一起交通事故。当时，一辆自东向西行驶的汽车，快进三座门时，突然发现另一辆汽车转弯迎面驶来，司机躲避不及，车撞在三座门的门垛上。

1955年，北京市政府对无法适应现代交通需求的金鳌玉蝀桥、东西三座门动了"手术"。原桥向南面加宽，降低坡度，拆除了"金鳌""玉蝀"牌楼和三座门，并沿南北两边桥栏增建人行道。在解决东西往来交通的同时，又为过往游人提供了一个更好的湖上风光的观赏点。两座牌楼被拆除后，金鳌玉蝀桥的名称也淡出历史，代之以"北海大桥"。

文／罗东生　供图／罗东生　陶然野佬

　京华胜景·北海前，北京城里最大的古桥

商贾骈集的东四南北大街

北京的大街历经变迁，其中有一条街至今仍保持着元大都时代的宽度，东西宽二十四步，约合 37.2 米——它就是东四南北大街。

公元 1267 年，元世祖忽必烈决定在原金中都的东北郊营建一座新的都城——元大都。刘秉忠遵循《周礼·考工记》中的营城理念，营建元大都。东四地处元大都文明门（崇文门）和齐化门（朝阳门）两条通城大街交会处的十字路口，元代称这里为"十市口"，是当时三大商业中心之一。明代，在十字路口的四个方向各修建了一座牌楼，东四牌楼（简称"东四"）因此得名。东四牌楼南北大街被命名为"大市街"，老百姓则习惯称之为东四南北大街。

东四南北大街全长仅 2.8 公里，但东西两侧总共有门牌多达 800 号，平均每六七米就是一个门牌号，可见商业铺面之密集。清末民初，东四南北大街上，有名声响亮的"四大恒"银号，有不专设招幌的棚铺，有生意红火的香蜡铺，还有北京人喜爱的饽饽铺……汇集了各式各样的商业店铺，热闹非凡。

如今，东四南北大街已发生巨大变化。但当人们在街上漫步时，仍旧还能看到清代的商铺房、民国的小洋楼以及昔日的字号与装饰，仿佛诉说着时光流转，勾起人们对过往的无限遐想。

20 世纪 20 年代的东四南北大街，从图中可见有轨电车轨道已经出现，路边还停着一辆汽车。

20 世纪 30 年代，灯草胡同北的吴瑞春茶庄。在东四南北大街上，著名的茶庄还有吴德丰、德一号等。

20 世纪 30 年代春节期间东四牌楼北口路东街景。从恒利银号的门前向北望去，远处是街对面侧墙带六面窗的小楼；近处右手边是卖鞭炮和烟花的摊子，旁边几人正在报刊栏旁关心着时事，从德裕亨记米庄到北边聚庆斋糕点铺、永成仲记钟表眼镜店前都是熙熙攘攘的人群；一位年轻的母亲从人群中走来，一手拿着刚置办的年货，一手牵着手里也没空着的孩子往家走。

清末的东四南大街，一辆
骡轿车从路东由北至南经过
合芳楼饽饽铺、善济堂药铺、
南公义账房铺以及德顺成烧
饼铺。东四南北大街有不少
饽饽铺，如合芳楼、瑞芳斋、
庆明斋等。饽饽除了作为时
令糕点、零食茶点外，最大
宗的生意是敬献神佛祖先的
供品，以及红白事的礼品。
过去，祭祀、婚丧礼上用的
饽饽桌子通常摆放 3~9 层不
等，据说还有更高的。每层
饽饽有 200 块、350 块两种，
对于皇族贵胄、富商巨贾来
说，一次投用的饽饽桌子有
几十张、上百张也并不少见。

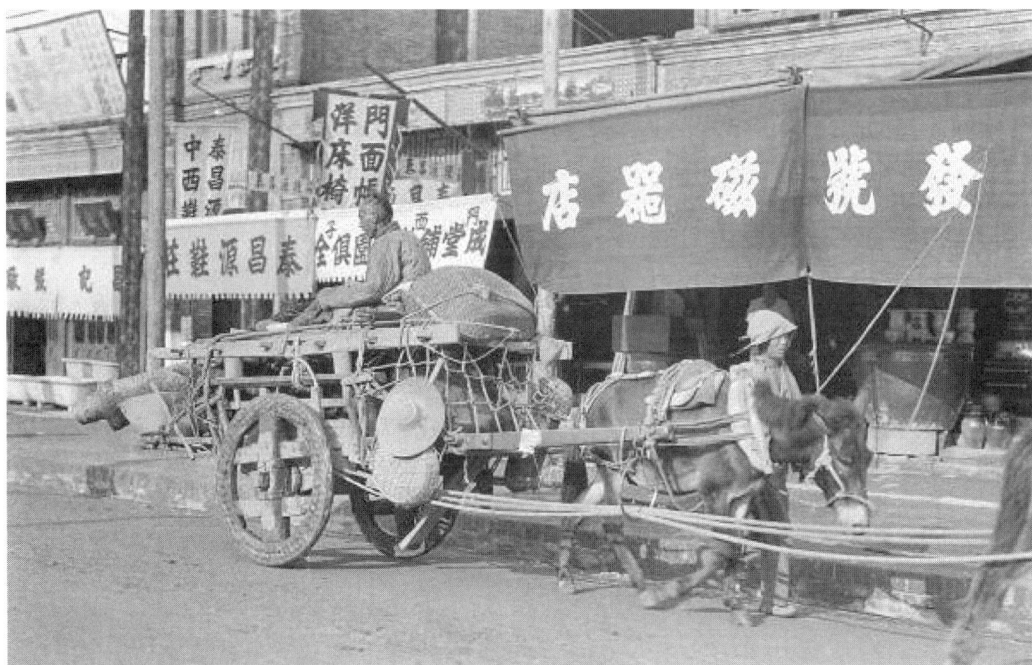

一驾大骡车从东四南大街奔北驶过，路西恒发号瓷器店的伙计猫着腰，好奇地看着正在拍摄照片的摄影师。

　　20世纪30年代，东文美斋已经歇业一段时间了，字号早已从东"闻"美改成东"文"美，不再是鼻烟兼营钟表生意，改饽饽铺兼营鼻烟了。虽说调整了经营范围，但是生意依然无起色，最终没有扛过民国十七年（1928年）的迁都，铺底现洋三千块倒手，估计是一直没有找到下家接，所以铺面就撂荒了。此二图为东文美斋撂荒前后，可见撂荒后招牌破损。

　　20世纪40年代东四牌楼北口路西高台阶上的蕙兰芳香蜡铺。北京大小寺庙在鼎盛时期有近千座，加上日常人家里的佛堂、祖龛都需要香火供奉，还有日常照明需要用蜡，因此老北京香蜡铺的生意格外红火。

文／供图　闻者

　　　　京华胜景·商贾骈集的东四南北大街

旧京"便门儿"

北京人说话爱加儿化音，但什么地方可以儿化，什么地方不可以儿化，有一定的使用规律，不能随意滥用。就拿北京城"内九外七"的城门来说，只有说"东便门儿""西便门儿"和"广渠门儿"时可以加儿化音，其余的城门都不能加。这是因为北京的儿化音常用来表示"小"或"巧"，与高大巍峨的内城城门比起来，东便门、西便门都是在城墙拐弯处开的小门，所以名字被人们加上儿化音。

偏居外城东北隅和西北隅的东便门、西便门，起初是两个临时的城门。明嘉靖三十二年（1553年），由于蒙古骑兵屡屡南侵，明朝政府为了加强防卫，决定在内城四周修筑外城。后来因为财力不济，外城工程只修了环抱南郊的一段城墙就草草收尾，形成"凸"字形格局，设永定门等五门。为了方便百姓出入，又在外城东北、西北两隅与内城连接的附近，设置了两个临时城门——东便门和西便门。据《说文解字》记载："便，安也"，"便门"有期盼安宁之意。嘉靖皇帝原本打算等将来财力充裕、再建外城二期工程的时候，将这两座城门拆掉。可不承想，这一愿望后来并没有实现。

北京外城的城门比内城城门要小得多。东便门与西便门是东西遥望的"姊妹门"，城楼、瓮城和箭楼的形制基本一样且都比较简陋，甚至有些不起眼。瑞典学者喜龙仁认为将这两座城门楼"称之为城楼有些名不副实"，它们不过是一座围墙抹了灰、四面有门的长方形屋子，既无窗，也无廊。他在《北京的城墙和城门》中写道："从近处看东便门城门楼，仿佛是陷在城台之中，而不是耸立其上；部分掩在垛口之后，翘曲的大屋顶向外挑出，显示着它的存在。"

东便门和西便门虽然不高大巍峨，但其趣味和价值并不因此衰减。

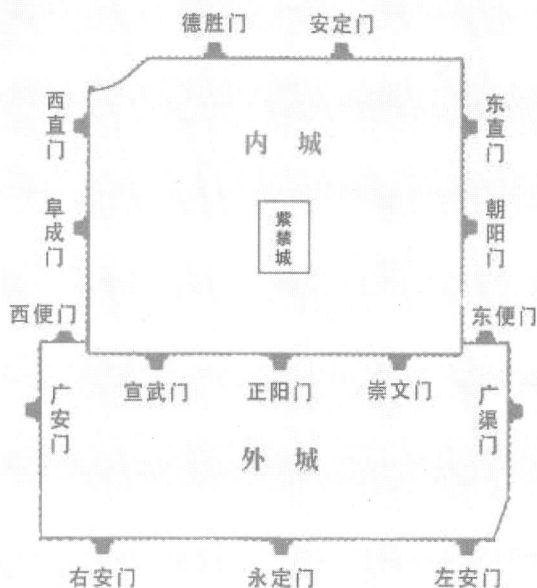

北京城"内九外七"城门示意图，其中东便门、西便门位于"凸"字形格局的两肩处。夏凡制图。

旧时，东便门外是风景秀丽的通惠河，两岸垂柳成行，楼台水榭林立，买卖商家毗邻，是京城消夏、游玩的胜地。东便门外通惠河上，有一座集桥梁、桥闸和桥码头于一体的建筑——大通桥。它是通惠河上五个闸口的头道闸，也是京城重要桥梁之一。明代漕运的船不能驶入北京城内，大通桥由此成为通惠河漕运的终点，南北船舶往来，热闹非凡。漕粮在搬运过程中难免漏撒，撒出来的粮食就成了鸭子的口粮。久而久之，大通桥边的鸭子便成一景。老北京俗语曰："大通桥的鸭子——各分各帮。"

距离东便门不远处，有京城著名道观——蟠桃宫。明清以来，每年农历三月这里都有庙会，老北京人称之为"蟠桃盛会"或"娘娘宫庙会"。庙会开始之前，东便门大通桥会开闸蓄水，使得崇文门至东便门之间可以行船。阳春三月，游人坐着摆渡船从崇文门北岸码头一直到蟠桃宫附近的南岸来赶庙会。庙会期间，蟠桃宫里人山人海，香火极旺。正如《都门杂咏》中说的那样："三月初三春正长，蟠桃宫里看烧香，沿河一带风微起，十丈红尘匝地飏。"

西便门附近也是水草丰茂之地。据说，旧时在西便门外护城河左岸的草地上，散落着数十块白石，远远望去，就好像绿草中有一群埋头食草的白羊，这便是"西便白羊"一景。还有一说是，北京人喜食羊肉，羊店、羊肉铺、羊肉馆等应运而生。羊店有羊圈，存放活羊以备交易。西便门外适宜放牧，的确是羊群出没之地。究竟是否果真有其事，如今已无从考证。

20 世纪 50 年代，东便门、西便门因城市建设相继被拆除，在北京只留下了地名。

19 世纪 60 年代，东便门外大通桥，通惠河北京城终点，桥头驳船正在卸货。背景为外城东段北垣、内外城接合部碉楼、内城东南角楼。

1905 年，一男子骑驴经过西便门，前去赶集。照片背景是一座连接内外城城墙处的碉楼，朝西有八个射箭的窗口，因而被俗称为"八瞪眼碉楼"。

民国初年，东便门内的蟠桃宫庙会。庙会上有变戏法的、练把式的、唱蹦蹦戏的、说书说相声的等，各种玩意儿应有尽有。

1916年，西便门瓮城外西北侧，一个挑水的伙计正在从护城河里舀水。

京华胜景·旧京"便门儿"

20世纪20年代，东便门城楼，外侧过木方门洞上方镶嵌"东便门"石匾额。

　　20 世纪 20 年代，西便门瓮城箭楼门洞外侧。箭楼门洞内侧为过木方门洞，外侧为三伏三券式拱券门洞。城门为过木方门洞，上方嵌有"西便门"石匾额。

20 世纪 20 年代，喜龙仁拍摄的西便门城楼南面。

　　20 世纪 20 年代，东便门外东水关桥下的三孔出水口外侧，几只鸭子在河水中嬉戏，不远处可以看到大通桥。

文／熊文　供图／陶然野佬　夏凡

正阳门六寺庙

京师内城九门，瓮城内皆有庙，因而有"九门十座庙"之说。为什么多出了一座庙？原来，正阳门作为明清北京内城的正门，京师城门之首，独有两座庙，东为关帝庙，西为观音庙。

城门有庙，为的是神明护佑、保境安民，也因城关皆繁华要冲，方便民众祈福赶会。在极盛时期，正阳门瓮城内有关帝庙和观音庙，瓮城东西两侧有朝阳阁和万缘庵，城墙内顺墙根还有两座庵，一座紫竹庵在东，一座清凉庵在西，可说是六庙环绕。

这六座庙中，数关帝庙名气最大、香火最旺。

《帝都景物略》中记载：明成祖朱棣在大漠行军时遇险，冥冥中见关公骑白马现身助阵。他又听说，北京有一白马，每日晨出，立于庭间，大汗淋漓，仿佛就是关公的那匹马，于是在京城各门瓮城里建了多座关帝庙。

虽说除了北城墙安定门和德胜门，北京的七个城门里都有关帝庙，但正阳门的关帝塑像原为皇宫大内之物，后被明万历帝移到此地，足见大明王朝对此庙的重视。

别看这座庙背靠城台，仅一进院落，却在六百年间香火极盛，民间还流传着"灵签第一推关帝，更向前门洞里求"的说法。

据《北京寺庙历史资料》记载：关帝庙有神像十四尊，画像一帧，神马一匹，青龙刀三柄。而关帝庙"三绝"，正是唐代圣手吴道子所绘的关公像、传说中神马的汉白玉雕像、嘉庆十五年（1810年）打磨厂刀铺制作的青龙刀。庙里的碑，因碑文为明万历朝翰林焦竑撰文、大书法家董其昌书丹，也被《燕都游览志》称为"二绝碑"。

此碑于2008年南苑槐房村拆迁时被发现，大概是被老乡拉渣土时运回了乡里，今已被妥善建亭保存。

庚子事变之前的城楼，关帝庙和观音庙分立左右。

关帝庙可谓"庙小神仙大"，就连清光绪皇帝都迷信此庙。据《清实录》记载，他从16岁起，持续22年，在此拈香64次。除了光绪二十五年（1899年）、二十六年（1900年）没来外，年年数回来拜，远超以前所有皇帝来正阳门庙宇次数的总和。

光绪二十五年、二十六年，光绪为什么没来？原来，二十五年即戊戌变法失败后的第二年，他被慈禧太后幽禁；二十六年是八国联军入侵北京，慈禧挟光绪出逃西安。

从西安回北京时，慈禧、光绪专门下轿在此拈香默祷，当时在瓮城上站岗的是洋人，被烧掉的城楼箭楼都拿彩牌楼临时装点，不知帝后当时是怎样的心情，对光绪来说，"灵签第一"的关帝庙这回真是没显灵。

位于正阳门瓮城东北角的观音庙，同关帝庙面貌基本相同，常被同时提及。明崇祯皇帝曾在此庙祭拜"殉国"的洪承畴，结果洪承畴非但没死，反而降了清，实在是令皇帝大为尴尬。

庚子事变中，正阳门箭楼、城楼先后被烧毁，正下方的两庙竟奇迹幸存；1915年正阳门改

1875 年的正阳门，可见观音庙。英国摄影师托马斯·查尔德摄。

关帝庙内的关公塑像，据说是明朝的皇家大内之物。

关帝庙入口。

庚子事变时新建的前门东站，龙王堂已经被拆除，只剩门前的大树了。

1901 年，失火后的
正阳门城楼，两庙俱在。

1901 年被拆除之前的万缘庵。

1947年的观音庙，是绿瓦红墙，山门绿瓦黄剪边，大殿黄瓦，碑亭灰筒瓦。

造，瓮城虽拆除，但两庙得以保留。到了1967年，两庙因地铁建设和扩展道路，才一起被拆除。

更早拆除的，则是瓮城外东侧的朝阳阁和龙王堂。顾名思义，朝阳阁朝东，而且是在瓮城之东，它与阁东的龙王堂实际上是一体。此地为粥厂，是官民合办的慈善机构。

正阳门前建起火车站之后，朝阳阁和龙王堂先后被拆，做了货场，只剩一棵大树，标示着昔日的位置。不过，朝阳阁仍在，只是搬迁到了附近的大席胡同，"为善最乐"碑也被搬去，延续着清末民初的慈善业。

除两庙一阁之外，还有三座尼姑庵。同朝阳阁东西对称的，是万缘庵，在前门西侧第一个墩台（中心台）前靠东，仅有一进，山门、大殿，以及厢房，坐北朝南，这里在修前门西车站时被拆除。

在城墙的另一面偏西，贴墙还有一座尼姑庵，名为清凉庵，大殿坐东朝西，整体两进，二门朝西，进门就是大殿和一座北房，南面就是城墙。

和清凉庵东西对称，在正阳门内侧靠东，第二墩台内侧，贴墙有一座紫竹庵，坐南朝北，小殿外并无配房。这类庵堂，同瓮城两庙不同，多是民间自建。正阳门内外店铺云集，捐资修建还是有条件的，这也正说明了正阳门不仅是国门，也是市井的大前门。

正阳门瓮城早已不存，环绕这古老国门的六座庙宇也已成为过往，好在还有巍峨的城楼箭楼，依然见证着时代的风云变幻。

龙王堂和朝阳阁　这是庚子事变前的正阳门，龙王堂和朝阳阁都还在，墙根下的人们晒着太阳，城墙下晾着粪干，瓮城边的荷包巷买卖兴隆，城楼旁的五根示警旗杆早已形同虚设，京师承平久矣，没有人意识到，一场大难就要临头。

文／供图　李哲

桥上有庙，庙里有桥

老北京城"桥上有庙，庙里有桥"的奇景，只在东安门内能见着。"桥"是东安门内的望恩桥，"庙"是望恩桥上的真武庙，这桥非小桥，庙却是小庙，不过山门、影壁、大殿、配殿样样都有，玄天大帝、观音菩萨、关老爷一应俱全。更妙的是，这桥还是由两座皇城门夹着的一座桥，可算高配。

望恩桥原叫皇恩桥，真武庙又叫玄天观，两座皇城门则是桥东的东安门和桥西的东安里门。很多人会问，门没了吧？桥去哪了？庙还在吗？

先说东安门。东安门是皇城东门，明代即有。原本东安门外是御河，河上是望恩桥，因为隔河就是喧闹的市井，给紫禁城内的皇帝带来很多烦扰。明宣德七年（1432 年），皇城东扩，在河东岸加建了一道皇城墙，在望恩桥东新建东安门，为七开间、中启三门，并修建为黄琉璃瓦、单檐歇山顶形制，同西

安门和地安门堪称"三胞胎"。桥西则是"三座门"形制的东安里门，俗称"墙门"。东安里门两侧旧有的皇城墙并没有被拆掉，在康熙二十一年（1682 年）的皇城图上还能看到。

从此，望恩桥夹在了东安门和东安里门之间，根据最新发现的一张 1911 年前后旧照，可知桥有三拱，在宽大的桥面南北两侧建了类似皇城墙的障墙，形成两门之间的封闭通道，障墙外侧还有桥面，是人行便道，便道外侧有矮墙。真武庙就坐落在桥面的北部靠西，障墙之内，山门则冲东，外有照壁，内有幡杆，南墙嵌"万善同归"四方琉璃字。

这便形成了老北京一道独特的景观：桥上有庙，庙里有桥。整座庙的地面都不用铺地砖，直接就是巨大条石拼成的桥面，后墙也是现成的障墙。小庙的安全性就甭提了，

1909 年，在东安门西侧的望恩桥上拍摄的东安里门，镜头远处为东华门。

1912 年 2 月 29 日夜间东安门被烧毁，后拆东安里门的建材复建了三券门式的新东安门。

东安门被焚毁的现场。1912年，乱兵火烧东安门，左侧就是望恩桥上的真武庙。

两座皇城门紧把着，一般人想烧香都得验明正身。这庙不光位置特殊，历史上还曾留下令人唏嘘的一笔：明末国破时，崇祯帝后曾在此停灵。

无论是这俩门还是这桥，抑或这庙，留下的影像都不多，甚至东安门连一张正面照都没留下，因为有皇上的时候不方便拍，1912年清帝逊位，当年就发生兵变，东安门被付之一炬，此后再也没能原样恢复，所幸东安里门和真武庙都无恙。

1912年，东安门被焚毁现场，远处是东安里门，也就是俗称的"三座门"。

三年之后，北洋政府决定复建东安门，拆了东安里门，用其旧料，做了个新形制的随墙三座门。仔细辨识新建的东安门，门券以上都还是东安里门的模样，须弥座也是，只是门洞由方变圆了。新东安门于1916年建成，一年后，张勋率辫子军进京，又闹起了复辟。张宅在东安门内瓷器库一带，讨逆军架炮猛轰，激战后，新东安门弹痕累累。

民国初年的真武庙，此时它还在望恩桥上。

1911年前后的望恩桥东北端，拍到了北侧障墙和真武庙大殿顶端。

　　熬到 1924 年，新东安门还是在拆卖皇城墙的热潮中彻底消失了。民国十年（1921 年），市政当局要拓宽改平望恩桥，要求迁建真武庙于桥西空地，但"工程既大，官费无多"，于是众人集资迁建，才保住了小庙。

　　迁建之后，真武庙正式更名为"玄天观"，每年元宵节还有颇具特色的九莲灯。据 1928 年和 1936 年两次寺庙调查，小庙当时为供佛、住宿及出租用。1928 年有瓦房 11 间，1936 年增至 13 间，法物也有所增加，1928 年有塑像 5 尊，1936 年有塑像 29 尊，可见规模逐渐兴盛。

　　以望恩桥为界，南段御河 1931 年改成了暗河，北段则是 20 世纪 50 年代所改，望恩桥从此消失。至此，只剩小庙得以易地保全，留存至今。

清乾隆二十六年（1761年），宫廷画家徐扬创作了《日月合璧五星联珠图》。画作如照相机和放大镜一般，详细展示了北京城。夹在东安门和东安里门之间的望恩桥，在此图中清晰可见。

近年来，大殿配殿均已修缮，小小山门上，门额"皇恩桥玄天观"仍清晰可见。大殿墙体用大城砖，也许移建时取自皇城墙甚至是障墙也未可知，彩绘为清代后期，原有菱花门窗已无，戗檐为精美的狮子砖雕。

如今，东安门及望恩桥的部分遗址在地面 2.3 米以下，已被开辟为明皇城东安门遗址。

文／供图　李哲

京华胜景·桥上有庙，庙里有桥

中轴三桥

北京中轴线上有三座古桥，都大名鼎鼎，既是皇家门面，又处市井之中，其中两座桥早已深埋地下，等待着发掘整理，还有一座桥修复后成了世界文化遗产。这就是中轴线上跟市民生活关系密切的三座桥：天桥、正阳桥和万宁桥。

天桥跨于龙须沟上，是中轴线和龙须沟的交会点。龙须沟是永乐年间建天坛和山川坛时所挖的排水沟渠，可谓南郊津梁。桥为单拱单梁，桥面中间御道是明清两代帝王前往天坛、先农坛祭祀的必经之路，由此得名天桥。桥两侧还有石板桥，方便百姓车马通行。

天桥桥南洼地常淤塞不通，乾隆皇帝派人疏渠，成效显著。为此，他御笔亲书《正阳桥疏渠记》，并刻四方碑于桥东南，又复制刻有燕墩之《皇都篇》《帝都篇》的四方碑于西南，并建了两座重檐黄瓦的御碑亭。

嘉庆"林清之变"后，钦天监说乾隆时疏浚天桥沟渠致使"水火相争"，才导致奇变。于是"即用两岸积土，将河泊六处一律培垫"，城南之惬意胜景不再。道光元年（1821 年），两座御碑亭因失修也被拆除。

同治年间，东碑移往东侧红庙（弘济院）保存至今，西碑则移往桥西斗姥宫，民国时再移至先农坛，幢顶、幢身、幢座拆散于地，1949 年后被埋入地下。2004 年年底，西碑在先农坛北坛门附近的京青食品厂院内重见天日，现立于首都博物馆门前。

随着新路政的实施，同其他通衢上的石桥一样，天桥也经历了改造乃至填埋的过程：1906 年（一说 1915 年）改为低拱，1927 年为电车通行而改平，1934 年因扩路拆除了石栏杆，现仍有部分基址埋于路面以下。

2013 年，天桥在原址南 40 米处复建，同时复原两座碑，可惜刻工不尽如人意。

这是 1902 年至 1903 年的正阳桥。正阳桥上还能摆摊设点，引车卖浆，拉活儿等客，有马车、毛驴、东洋车，大栅栏的店铺慢慢重建起来，北京城在废墟里渐渐活了过来。

从正阳桥上拍摄庚子事变中被毁坏的箭楼。

京华胜景·中轴三桥

1874年的北京前门大街，可见远处的五牌楼和近处的"乞丐桥"。从明朝开始，老北京就形成了很多固定的市场，其中在正阳桥的叫"穷汉市"，在这里做买卖的都是小老百姓，他们没钱租房子，就在正阳门前沿着城墙搭棚子摆摊糊口。而正阳桥中间，因为不允许车辆通行，所以就成了街溜子耍钱、叫花子要饭的聚集地，也就成了当时洋人眼中的乞丐桥。

据《析津志辑佚》载："万宁桥至元中建，在海子东……虽更名万宁，人惟以海子桥名之。"图为庚子事变时的万宁桥。

1919年的正阳桥改造，为不妨碍交通，分两期进行，图中右侧已经改造完成，左侧未完工。

法国摄影师艾伯特·迪泰特于 1909 年 1 月 30 日拍摄的万宁桥。

考古发现的这具正阳桥镇水兽，用泥岩雕成，俯卧在雁翅石条上，头朝东南，尾向西北，俯视水面。

"酒旗戏鼓天桥市，多少游人不忆家。"光绪末年，天桥一带逐步形成了以娱乐、百货为主的平民市场。

与南城市井天桥遥相呼应的，是前门大街另一端的正阳桥。

正阳桥为正阳门前内城护城河上的弯桥。桥前有正阳桥牌楼，俗称"五牌楼"，桥对正阳门外大街，即前门大街，有石道直达天桥，"大街石道之旁，搭盖棚房为肆，其来久矣"，是京城最繁华的所在。

正阳桥位置显赫，桥也更为精美，三拱三梁，中为御道。1914年，拆去桥中间两道栏杆。1919年桥身加宽9米，桥拱改低，两侧又新做水泥罗汉栏板，四角立铁制灯柱。1922年彻底改平，古桥拱仍保留。20世纪50年代中期，拆去条石改铺沥青。1966年随着护城河改暗河，正阳桥消失于地面之下。

1992年3月，修建正阳门南侧地下通道时，挖出了正阳桥基址及桥东南镇水兽，后原地掩埋保存。2021年考古工作者对正阳桥遗址进行考古发掘，此镇水兽又重见天日。

其实，这镇水兽早已在地下百年有余了。咸丰元年（1851年）《金吾事例》记载，正阳门外沿河铺户侵占护城河，桥被"侵过石栏杆六七段有余"，证明当年镇水兽已被掩埋盖房，此后的老照片中，再未见过它的身影。

万宁桥的镇水兽，则依然保留着旧日的风范。这座桥在地安门外，是钟鼓楼和地安门之间不可缺少的连接，也是今日中轴线上的一处世界文化遗产点（为大运河世遗的一部分）。

万宁桥始建于元至元二十二年（1285年），元大都的鼓楼东北曾有大天寿万宁寺，是城市中心，据传万宁桥之名亦同其有关。作为通衢要害，桥西还装有水闸，名曰"澄清上闸"，为澄清三闸之一，主要是调控水量之用，至于"元代漕船通过万宁桥下，可直入积水潭"之说，还是有待商榷的。

清代称此桥为"地安门桥"，俗称"后门桥"。1951年，北京市政府曾对其进行修缮，后玉河改为暗河，桥两侧成为平地，仅剩桥栏。

万宁桥于2000年12月完成修复，河道现宽17米，拱高3.5米，数百年间不同年代的石栏杆并存，元代的古桥上依然车水马龙，元明六只镇水兽也安然无恙，澄清上闸的绞关石和闸门槽也得到保存。万宁桥至地安门东大街之间的御河北段河道已于2009年疏浚修复。2022年，配合中轴线申遗，有关部门计划拆除挂在万宁桥身上的多余管线，并提升周边景观。

这中轴线上标志性的三大古桥，在新时代的光阴流转中，正逐渐显露其真容。

1934 年天桥旧影，石栏杆
于当年被拆除。

文／供图　李哲

运河"遗珠"

谈起北京城的营建史，不少人都知道一句老话："北京城是漂来的。"一个"漂"字，足见旧时古都的存在何等依赖流淌了千余年的大运河。可惜，由于清朝中后期连年失修，河道断航，大运河昔日的繁盛景象逐渐消失，一度被遗忘在历史深处。

直到近些年，随着遗产保护、环境整治、水系治理等工作全面开展，"千年运河"这张中华文明的金名片才被越擦越亮。

众所周知，大运河北京段以白浮泉、玉泉山诸泉为水源，注入瓮山泊（今颐和园昆明湖），经长河，引入积水潭（今什刹海），经玉河（故道）、通惠河，最终流入北运河。不过，运河沿线如今还有哪些古迹可以游览，恐怕知道的人不多。大运河文化节把这些散布各区的运河"遗珠"串起，作为"网红打卡地"集中推介：通州区的燃灯佛舍利塔，西城区的万宁桥（澄清上闸），东城区的春风书院·南锣鼓巷馆（玉河故道、玉河庵），海淀区的昆明湖，昌平区的白浮泉遗址等。

就让我们通过这份"网红打卡地"名录，欣赏一下老照片中的运河旧日光景吧。

　　瓮山泊，即今天的颐和园昆明湖。元朝郭守敬主持漕运，将昌平白浮泉水作为引水起点，然后"西折而南"，再截取西山一带的玉泉等水，汇入瓮山泊，作为大运河的补水源头。明代先后在瓮山泊一带修建了园静寺及好山园行宫，改瓮山泊为西湖。当时，作为皇家风景区的西湖已被誉为"壮观神州今第一"。清乾隆十五年（1750年），乾隆帝为庆贺生母六十寿辰，又在此大兴土木，建成了颐和园的前身——清漪园，并将瓮山泊更名为昆明湖。为了控制水量，乾隆帝还在湖东筑坝，在绣漪桥下设了水闸。本片摄于20世纪30年代。

京华胜景·运河"遗珠"

元代大运河从瓮山泊流出后，就从和义门（今西直门）进入了元代漕运的总码头——积水潭。鼎盛时期，元代打造了8000多艘运河漕船，每天川流不息地把自江南而来的漕粮运到积水潭码头。漕运不仅便利了交通，也繁荣了元大都的商业，积水潭附近的烟袋斜街、钟鼓楼一带客栈、酒肆、茶楼、勾栏林立，可谓盛极一时。元代黄文仲作《大都赋》形容："华区锦市，聚四海之珍异，歌棚舞榭，选九州之秾芬。"不过，明成祖定都北京后，考虑到皇城的安全，不再允许漕船入城，积水潭从此成为一片没有活水的内湖。积水潭码头被废弃后，湖泊逐渐淤积缩小。这些淤积起来的土地，正好是种植水稻的良田。从明代开始，积水潭附近出现了大量的稻田。图为20世纪40年代正在收割装运的积水潭稻田。

1900年大运河上运送美军装备的平底帆船。庚子事变中，八国联军攻陷天津后，用平底帆船搭载辎重，沿大运河向北京进发。美国摄影师詹姆斯·利卡尔顿摄。

　　燃灯佛舍利塔位于通州旧城北门内，始建于北周时期，距今已有 1400 多年的历史。该塔是通州老城的地标建筑，也是京杭大运河北京段的重要标志。清诗有云："无恙蒲帆新雨后，一枝塔影认通州。"据说当年的船工，一路沿运河运货、载客十分辛苦，只要远远看到夕阳下一个高大的塔影，就知道辛苦的旅程即将结束。图为 1860 年英法联军攻打北京城时，随军记者费利斯·比托拍摄的通州燃灯佛舍利塔，此片也是北京最早的照片之一。

　　玉河在元代是通惠河的一段，这条河道修通后，大运河北端得以延伸到城内积水潭。明代时，运河终点东移至大通桥，一般将积水潭出万宁桥、过东不压桥，至大通桥的一段河道称为玉河，大通桥至通州的一段才称通惠河。此后，玉河水量逐渐减少，到民国时期，玉河基本干涸，成了泄洪的臭水沟，后被逐段改为暗沟。如今，随着北京玉河历史文化恢复工程的开启，从万宁桥至东不压桥的玉河北段故道在消失半个世纪后，已经重见天日。图为 1880 年左右的中玉河桥。

  永通桥，因坐落于通州旧城西门外八里，俗称"八里桥"。晚至清代，大通桥以东至通州的运河仍能通航，矗立在通州城西的永通桥就成了通往北京城的必经之处。第二次鸦片战争期间，英法联军自大沽口登陆，进至通州，在永通桥驻防的蒙古亲王僧格林沁就在这里，率领蒙古骑兵与英法联军展开了一场激战，力图守卫北京城的最后一道屏障。然而落后的大刀长矛终究敌不过先进的火炮子弹，北京城最终被攻破。图为1860年英法联军随军记者比托拍摄的永通桥。

文／杨丽娟 供图／通州区图书馆 韩立恒 夏凡

消失的佛手公主坟

提到公主坟，想必大多数人都会想到北京地铁1号线公主坟站。这座曾经安葬着清嘉庆皇帝两位公主的公主坟，曾因给地铁让路而知名度极高。不过它并不是北京唯一的公主坟。早年间，位于通惠河北岸松公坟村的佛手公主坟（今朝阳区大望路），比它更出名。

北京曾有句顺口溜："一出便门往东看，石人石马六把罐。"这话说的是当年东便门外通惠河畔，有许多王公贵族、公主额驸的大墓，佛手公主坟就是其中之一。这位"佛手公主"乃是乾隆皇帝的第四个女儿——和硕和嘉公主。和硕和嘉公主生于清乾隆十年（1745年），由于她生来手指间有蹼相连，状似佛手，所以民间称她为"佛手公主"。关于"佛手公主"民间还流传着一个传说，说是乾隆下江南时偶遇一个野鸭子精，便把她带回宫里封为西宫娘娘。后来，野鸭子精

生下了一个手指带蹼的公主，即佛手公主。这当然是无稽之谈，不过从中也能窥见小民百姓对宫闱秘事的想象与热衷。

佛手公主下嫁给孝贤纯皇后的弟弟、一等忠勇公傅恒的二儿子福隆安。福隆安不仅是乾隆皇帝宠臣福康安的哥哥，自己也位极人臣，曾任兵部尚书在军机处行走。佛手公主下嫁福隆安7年便去世了，年仅23岁。福隆安也不长寿，逝世时仅39岁。后来，夫妻二人合葬于佛手公主坟。

据《旧都文物略》记载，佛手公主坟园寝"墓前石兽、翁仲甚宏丽"。佛手公主坟紧挨着通惠河，有石狮、石人、石马、石獬、擎天柱各一对，还有一座三间四柱的石牌坊。石牌坊正面横额刻有"银汉分光"四个字，因此被称为"银汉分光"牌坊。

1938年佛手公主坟被盗，受到严重损坏。1958年文物普查时，只有石像生、华表、石

牌坊、驮龙碑、石供桌、宝顶等残存。如今，由乾隆皇帝亲赐的"银汉分光"石牌坊仍在原处，只是没有高人指点，很难从现代建筑中找到这座石牌坊了。

2005年修建通惠河北路时，曾发掘出不少石人、石马和石碑。石碑碑座和碑帽已经损坏，考古人员通过碑文确定，它是为额驸福隆安所立。

佛手公主坟距通惠河二闸不远。二闸往东，河水经过闸口澄清，污秽沉淀，水色一清，小鱼衔尾，颇有南国水乡味道。清末民初，这里是北京东郊一处颇为有名的风景区。著名民俗学家金受申先生曾著文回忆："（二闸）北岸佛手公主坟一带，疏密相间也生了许多枫树，秋来老红，下临碧水，遥望芦花，令人神往。在中秋重阳之间，身着皂夹衣（要带一件棉袍才好），在二闸雇好高碑店来回船，小舟席棚，四无遮拦，极可游目骋怀。"

不少外国人都曾将佛手公主坟作为郊游的必到之处，从他们拍摄的留影中，我们还能看到佛手公主坟当年的风貌。

佛手公主坟"银汉分光"石牌坊。本片摄于1902年至1905年。

佛手公主坟碑亭前甬道旁的石
马。本片摄于 1903 年至 1910 年。

佛手公主坟上的文官石像生。本
片由美国摄影师约翰·詹布鲁恩摄于
20 世纪初。现在此文官像收藏于北
京励志堂科举匾额博物馆，只是它的
帽子以上的部分已经损坏了。

1929 年 3 月，一些在北京工作的英国人到佛手公主坟春游。图为他们在公主坟宝顶前的供桌上准备野餐。

1929 年 3 月，郊游的英国人在佛手公主坟野餐，宝顶前的供桌上摆满了餐具。

郊游的英国人在佛手公主坟院子里做游戏，引来百姓围观。

郊游的英国人在佛手公主坟院中做游戏，院内古树郁郁森森。

文／枫影斜渡
供图／英国布里斯托尔大学中国历史照片项目

汤泉行宫：唤醒睡美人的地方

北京城北约 40 里，有一座由三个山峰组成的独立小山，山形如笔架，因有温泉泉眼，被古人命名为"大汤山"。大汤山以西约一千米处，有三个低矮山丘，也有温泉，被称为"小汤山"。在因抗疫而被载入史册之前，小汤山就是著名的疗愈之地，并受到多位皇帝青睐，也是民国时的旅游胜地。

汤山温泉的疗效很早就被古人发现了，北魏郦道元在《水经注》中对此已有记载，明武宗也曾在此洗浴。

清康熙皇帝非常喜欢泡温泉，在修建行宫时，刻意选择有温泉的地方。康熙在位 61 年间，共修建温泉行宫 4 所，小汤山就是距北京城最近的一所。

1715 年，行宫建成，正式命名为"汤泉行宫"。康熙皇帝不仅自己到这里疗疾"坐汤"，还曾亲奉太后前来疗疾。康熙晚年，身体状况越来越差，在临终的前一年，还多次到小汤山行宫疗养。

值得注意的是，康熙兴建行宫时，刻意避开了村落寺庙密集的大汤山一带，选择了当时相对荒芜，但温泉泉眼质量更高的小汤山。由于泉眼位于小汤山山体正南侧，为避开山顶眺望，特意设计了坐南朝北的倒座布局。

小汤山有两个标志性的温泉汤池，一热一温。西池水温较高，约 50 摄氏度，名"沸泉"；东池水温较低，约 26 摄氏度，名"温泉"。还有一条暗渠可通西墙外的小院落，为皇族之外的人员汤浴用房。

乾隆帝对行宫进行了扩建，把康熙时期的建筑作为"前宫"，北侧新建部分称为"后宫"。为了避免园林汤浴被高处俯视，行宫大幅度北扩，直接把小汤山的最高峰囊括在园中，造园规模扩大了 10 倍。

据现存的清工部样式房绘制的《汤泉行

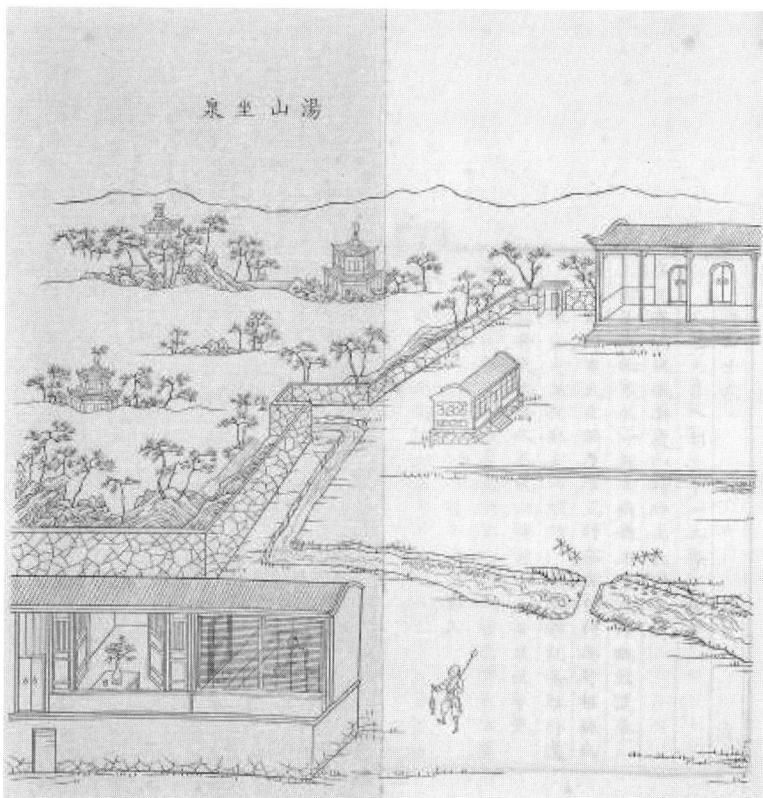

湯山坐泉

1837年，麟庆在《鸿
雪姻缘图记》中所绘制的
"汤山坐泉"，包括前宫
一角和后宫宫门。

宫地盘画样全图》和乾隆时期内务府的陈设档案记载，汤泉行宫完成后共有建筑"大小房、亭子三百九十间，游廊二百六十三间"。澡雪堂、漱琼室、飞凤亭、惠泽阁、开襟楼等景观建筑，让它变成一个中型体量的皇家园林，地位远超一般行宫。

嘉庆帝及以后的几位清帝再也没到过小汤山。道光时期，对行宫的日常修葺和防卫管理已逐渐弱化。1886年，德意志银行的恩司诺来华考察，在汤泉行宫的围墙外面就看到几百个衣不蔽体的患者围着一股泉水，"用热的含硫泉水洗澡，希望借温泉的功效治愈可怕的病痛"。

光绪二十六年（1900年），八国联军侵入北京，汤泉行宫遭到联军的抢劫和破坏。对此，英国作家立德夫人痛心不已。她在《我的北京花园》一书中怒斥道："尽管一旁原先的温泉仍冒着气泡，巨大的汉白玉浴池和精美的汉白玉扶手现在的破败景象却令人悲哀……我们知道俄国士兵曾扫荡过这里，这里的景象不可否认地表明曾遭肆意破坏文物的野蛮人的入侵！"

民国初年，袁世凯的长子袁克定来此避暑，将前宫稍事修葺。民国七年（1918年）总统徐世昌觉得这里被废弃十分可惜，就以每年800元的价格，从逊清小朝廷手中永久租用了这里，并重新修缮。

前宫因围墙和汤池保存完好，被开辟为汤山饭店，在饭店外，还开设了区分男女的人民浴池。饭店开业后因设施齐全，又有汤泉入室，在当时备受好评。后宫建筑多已坍塌，经修整和复建，建成了"汤山别业"，为政务高官休闲度假的场所。

此后，临湖区域相继建起了徐世昌和陆宗舆、曹汝霖等一批权贵的私人别墅。新建或复建了怀碧桥、枫叶桥、枕湖轩、晴晖阁、归稼轩、嶂影楼、听涛抱翠亭、拘泉亭、更衣亭、草亭竹林等建筑，风景幽胜，别有情趣。

据《北平旅行指南》记载，建好后的汤山别业是北郊名胜。在许多外国人撰写的游记中，都记载了畅游小汤山的各种攻略，"仅需六块大洋就可入住西式旅馆，还有电话直通京城"。

在之后的战争年代，汤山饭店和汤山别业遭彻底破坏。中华人民共和国成立时，行宫建筑俱毁，仅存园林遗址。20 世纪 80 年代，小汤山疗养院在此设立。直到现在，小汤山仍是北京人冬日最钟爱的疗愈之地，不过多数人已不知道，一百年前，这里曾被立德夫人称为"唤醒睡美人的地方"。

1902 年德国画册中的德国士兵在前宫汤池。汤池院落的中轴两侧各有汉白玉汤池一座，相距 3 米，正对大门后墙有影壁一座。

1924 年，热气腾腾的汤山饭店汤池。选自《亚东印画辑》。

1920 年的后宫惠泽阁。这是一座十六柱三重檐四角攒尖阁，即使在残破后，仍无法掩饰其往昔的堂皇。

1925 年左右，美国士兵拍摄的汤山饭店汤池，旁边就是西式旅馆。

清末拍摄的小汤山全景。小汤山山体地处平原区断裂带交会处，因此地热资源丰富。

　　1905 年拍摄的后宫残迹。立德夫人描述：　"各种开花的美丽灌木似乎都种在了这里，而且都长得过于茂盛，枝蔓纠结……这儿的花园气象万千，让人不由自主地想起王子发现睡美人并唤醒她的地方。"

　　1935 年汤山别业中的更衣亭。亭子始建于乾隆年间，内有方池引入温泉，非常隐秘，更衣亭北侧不远处另有露天方池一个与之对应。

1935年汤山别业中的怀碧桥。

文／供图　韩立恒

　京华胜景·汤泉行宫：唤醒睡美人的地方

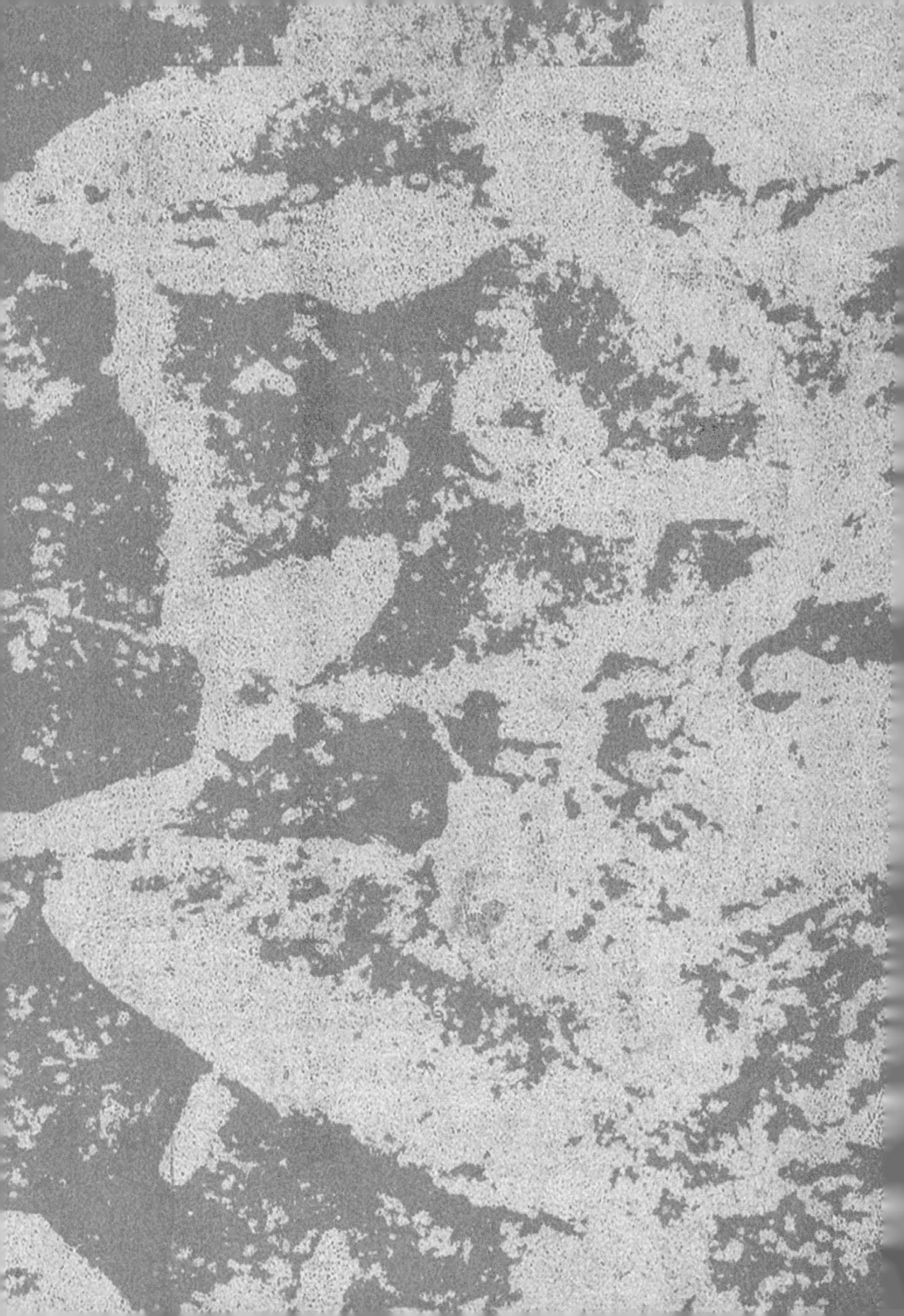

历史印记

洋镜头里的"同光中兴"

1861 年 1 月 11 日，躲避英法联军逃到热河、一病不起的咸丰帝，批准了恭亲王奕䜣会同军机大臣桂良、文祥上奏的《通筹夷务全局酌拟章程六条折》。设立总理衙门，"师夷之长技以制夷"。在圆明园被付之一炬、老大帝国面临危急存亡之际，旨在富国强兵的洋务运动终于千呼万唤始出来。

在奕䜣、李鸿章、张之洞等洋务派中坚人物看来，富国强兵乃是洋务运动的核心目的。第二次鸦片战争结束后，李鸿章写给曾国藩的信中说："深以中国军器远逊外洋为耻。"于是，这些手握军权和财权的洋务派大员把强国的希望寄托在练兵、制器之上。

1865 年 9 月 20 日，李鸿章在上海设立江南机器制造总局，这是清政府开设的规模最大的近代军工企业。据有关资料记载，从 1867 年到 1893 年的 20 多年间，江南制造局共制造轮船 8 艘、各类枪约 5 万余支、各种

炮 270 尊、水雷 500 余个，建立了中国最早的近代化炼钢厂，增强了国防力量，培养并造就了一批技术人才。

由于办理洋务需要精通外语的人才，京师同文馆应运而生。1862 年，同治帝批准创建京师同文馆，成为清末最早的洋务学堂。起初只有英文馆，后来增加了法文馆和俄文馆。随着工业水平的提高，对各学科人才的需求也越来越大。不久，同文馆又增设了天文馆、化学馆、物理馆以及医学、制造、编绘各馆。

军事工业的发展，深受经费短缺的困扰。19 世纪 70 年代后，洋务派在"求强"的同时，也开始兴办冶炼、纺织、航运、铁路等诸多民用企业，寻找"求富"之路。官督商办的轮船招商局、电报局等企业纷纷建立。

随着西方列强在北京设立大使馆，各国使节、商贾、冒险家也带着北京人从未见识

过的洋玩意儿来到北京。"洋布""洋火""洋烟卷"成为街头巷尾商铺里热销的商品。"拉洋片",则成为当时北京街头备受欢迎的一种表演。北京城里商业繁荣,百业兴旺。清政府的财政收入也年年攀升。危如累卵的大清国,竟在洋务运动的推动下,出现了一派中兴气象,以至于曾国藩在奏折中把这一景象称为"同光中兴"。

　　"拉洋片"是当时很受大众欢迎的一种街头表演。木箱的前面有一组镜片,通过镜片观众可以看到一个奇妙的世界,表演者通过一组绳子熟练地控制画片的卷动,同时会对比较难以理解的场景进行讲解。

　　　　历史印记·洋镜头里的"同光中兴"

一位专治手足病的游医正在为病人挑鸡眼、修剪趾甲，旁边还有一人趴在破窗户上抽烟观看。

一个挑担的游商正在胡同里吆喝，推销自己的葡萄。

为葬礼打幡的通常是乞丐，承办葬礼的人为他们提供服装，但看上去他们仍旧衣冠不整。

1867 年至 1872 年，苏格兰摄影师约翰·汤姆逊正在中国游历。他用手中的照相机记录了当时正处在变革中的大清朝，其中在北京拍摄的一组照片给人印象尤为深刻。他不仅用镜头记录下北京这个古典都城的典雅与静谧，也记录下普通北京百姓面对洋玩意儿时的新奇与热情；他不仅记录下了主持洋务运动的朝廷大员的精神气质，也记录了底层人民的生活状态。在他的镜头中，不仅有生活精致的中上层人士，也有衣不遮体的街头乞丐。他镜头下的北京，生动、立体，既不虚美，也不隐恶。人们既可以看到一个变革的时代，也能看到"中兴"背后那些不堪的现实。

所谓"同光中兴"，只是一个老病帝国的回光返照。1894 年，甲午战争爆发，大清国竟被一向蔑视的"蕞尔小邦"日本打得毫无还手之力，"中兴"梦碎，等待它的是一场疾风暴雨式的革命。

历史印记·洋镜头里的"同光中兴"

　　汤姆逊站在北京内城城墙向南拍摄前门大街，五牌楼和正阳桥清晰可见。汤姆逊写道，前门大街宽阔笔直，车水马龙，不过也是乞丐们最喜欢的地方，以至于住在北京的欧洲人称正阳桥为"乞丐桥"。图中左侧可见乞丐们正坐在一起赌博。

　　由于中国人不愿意让客人进入自己寓所的内庭，所以汤姆逊很长时间都无法窥见中国富裕阶层家中的情景。直到他结识了心态开放的京官杨先生，才第一次走进中国人的私人庭院中。图为杨先生的会客厅，汤姆逊赞叹这是他游历中国期间看到的最有古韵、精致，且令人沉静的小院。"会客厅的设计接近完美地对称，细节部分也一样，内部陈设更是将中国人居室的这种特色表现得淋漓尽致。"汤姆逊写道。

　　汤姆逊第二次拜访杨先生家，拍摄到了杨先生家的女眷和孩子。这在过去是完全不可想象的，别说是一个外国人，即便是同僚、好友都很少能见到别家女眷。这也说明，随着洋务运动的兴起，中国许多中上层人士的思想观念越来越开放。

文／黄加佳　供图／秦风老照片馆

劫后清漪园

"何处燕山最畅情，无双风月属昆明。"这是 1751 年，乾隆皇帝畅游尚在建设中的清漪园时写下的两句诗。清漪园，即颐和园的前身。为建造清漪园，乾隆皇帝花了 15 年时间，耗资 489 万两白银。据记载，他前后百余次莅临，留下御制诗 1500 多首，足见他对这里的湖光山色情有独钟。

1860 年，老大帝国衰落之际，清漪园也横遭厄运。10 月 7 日，继抢掠圆明园之后，英法联军 200 多人侵占清漪园，"将各殿陈设抢掠，大件多有伤损，小件尽行抢去"，清漪园印信也在混乱中丢失。数日之间，园内百余年来积存的数万件珍宝，损失十之八九。

这还没完，10 月 18 日，联军再犯"三山五园"，全权使节额尔金下令纵火，刹那间，北京西郊火焰冲天，浓烟滚滚。

法国人亨利·柯第埃在《1860 年对中国的远征》一文中写道："1860 年 10 月 18 日，万寿山始焚。19 日，火势继续燃烧，火焰之上，黑烟成云，浮向北京而去。"英国《伦敦新闻画报》随军记者沃格曼目睹了佛香阁被焚烧的惨状，他叙述道："它耸立在高高的花岗石台阶之上，四周被熊熊的烈焰所包围，看上去就像是某个处于火海之中的巨型祭坛。"

经过数日燃烧，佛香阁化为灰烬。清漪园内遍地狼藉，木结构殿宇大部分被焚，只剩下坚实而无法摧毁的巨石。沃格曼说："它们将留下来告诉未来的人们，这里，曾经有一座美轮美奂的皇家园林。"

　　1860 年，被英法联军焚毁的万寿山，大报恩延寿寺沦为废墟，佛香阁荡然无存，山顶只剩智慧海。菲利斯·比托拍摄。

　　1870 年，被杂草包围的治镜阁，因年久失修，屋顶坍塌。治镜阁位于水中，1860 年躲过了英法联军的大火，但是在重修清漪园时，建筑被拆除，木材和石料用于修建万寿山上的宫殿。照片来自包腊相册，或为英国医学家约翰·德贞拍摄。

英法联军撤退后，清漪园沦为废墟，皇帝不会再去那里"散志澄怀"，但管理和警卫并没有停止，只是对管理人员进行了裁撤。原本 44 名官员，裁去 9 人；原本 435 名园役，裁去 83 人。

当然，这时的管理非常松懈，不少中外人士打通一些关节，都有机会进入其中游览。1871年夏天，英国摄影师约翰·汤姆逊在一位清廷官员的陪同下进入清漪园拍摄。他看到"鹿和其他用来狩猎的动物自由地在废墟间的树林里穿行"，沿着杂草丛生的小径登上万寿山，又看到"焦黑的墙上爬满了藤蔓，破损的栏杆内外和许多大理石上也缠绕着它们娇嫩的枝叶"。

1872 年，曾参与侵华的英国军官卧尔斯莱游历万寿山，亦目睹了其荒芜面貌："巨梯已毁（指佛香阁的蹬道），上载铜塔（指佛香阁西侧的宝云阁），附近亭观亦皆残破；其下则湖水平静，满覆荷花，又有大理石桥，二者相映，益增凄楚。"

1871 年，万寿山上的宝云阁，底座上杂草丛生、瓦砾成堆。约翰·汤姆逊拍摄。

1871年，万寿山大报恩延寿寺废墟，石狮子经历了沧海桑田的变化。约翰·汤姆逊拍摄。

毫无疑问，清漪园一天比一天颓败，触目皆是断壁残垣、萋萋荒草。这一方面是因长期不加修缮，另一方面也源自顺手牵羊的监守自盗。据 1878 年《申报》报道，负有守护清漪园之责的中营副将赵清，被同僚控告拆毁万寿山前景明楼，将楼砖拉到他家修盖花园。再比如，1887 年，醇亲王奕譞视察昆明湖挑挖工程，途经万寿山，恰好就碰到三五个人在盗伐树木。

事实上，同治皇帝也曾拆掉了清漪园的不少残存建筑。1873 年，同治皇帝亲政伊始，决定重修圆明园。重修工程急需石料、木料，难以采办，他就批准从清漪园、静明园、静宜园内残存的建筑中拆卸旧料。不过，重修圆明园的大工程施工不足一年，即在反对声浪中停工。

当初，约翰·汤姆逊看到清漪园未做任何修复，曾评价说："我猜想中国人既没有精力，也没有资金来进行这样一项艰巨的工程，或者就是故意让这个地方呈现出一派破败的景象，来保持国民的敌对情绪。"

1870—1880 年，荇桥，桥上石护栏全毁。托马斯·查尔德拍摄。

1870—1880 年，清晏舫残迹，舱楼被英法联军焚毁。托马斯·查尔德拍摄。

    显然，他完全猜错了。十几年后，清政府重修了清漪园。这项工程自 1886 年起，由海军衙门主持，借着办水师学堂、"恭备太后阅看水操"之名，遮遮掩掩地进行。到了 1888 年，光绪皇帝为奉养慈禧太后，才公开下旨重建清漪园，并定名颐和园，取"颐养冲和"之意。

    修建工程一直延续了 9 年，到 1895 年甲午战争后才草草收尾。为了筹措修园款项，慈禧太后和光绪皇帝"腾挪"了海军经费、鸦片税、海防新捐，以及由"各省督抚认筹"等等，估计耗资达 500 万至 600 万两白银。在此期间，河南、奉天、京畿均遭水灾，御史吴兆泰奏请"节省颐和园工程"，得到的结果是"着交部严加议处"。

    万寿山和昆明湖焕发了生机，再度热闹起来。讽刺的是，就在颐和园修缮完成后，清王朝越发日暮途穷，迅速走向灭亡。

1879年，十七孔桥，桥头乱石横陈。黎芳拍摄。

文 / 供图　张永炳

禁宫通电灯

2016年"国际博物馆日"那天，故宫博物院启动了位于其中轴线上的六座原状展厅的室内照明工程，往日幽暗的宫殿亮堂起来。点起灯来，游客们再也不用趴在窗户上往里张望了，一眼就能把室内陈设看得清清楚楚。就连宫里的气氛也显得轻松了许多。其实，一百多年前当紫禁城第一次通电灯，住在宫里的人们也是同样的心情。

据清史专家王道成、杨乃济两位先生研究，宫里最早通电灯是在1888年。1888年（光绪十四年），海军衙门命神机营机器局总办恩佑以白银6000两向"丹商祁罗弗洋行购买电灯一全份，随锅炉一份及各项什物等件"。据《奉宸苑记事簿》记载："光绪十四年十一月二十六日，南海安设电灯锅炉宜安在仪鸾殿西围墙外……"由此可知，清宫首次安电灯的地方是慈禧太后于西苑的寝宫仪鸾殿。当时运到西苑的发电装置是一台容量不足20马力（约15千瓦）的发电机，并在其安设地点成立了隶属于奉宸苑的西苑电灯公所。翁同龢1889年1月30日日记中"电灯照耀于禁林"便是对当时宫廷电灯初点的记载。

两年后，清宫的第二座电灯公所——颐和园电灯公所建立。这次依然是海军衙门买单，花费白银12000余两向德国购置发电机，安装在颐和园耶律楚材祠南侧，乐寿堂等万寿山东麓核心建筑在此时被电灯点亮。据《颐和园电灯公所房间、机器数目册》记载，电灯公所拥有机器房68间、东院房18间、蒸汽发电机3台，这个规模对于服务宫廷来说，已经非常浩大了，尤其是一再利用海军经费为宫廷点灯这一点，让人联想到甲午战争中北洋海军的全军覆没，宫廷里这点微不足道的亮光便更显得"昏暗"异常了。

1900年，八国联军进占北京，西苑、颐

上图：故宫博物院藏"爱迪生"牌电灯泡。

下图：最早向洋人买电灯装置的神机营机器局总办恩佑。

和园两座电灯公所悉遭破坏。慈禧太后偕光绪帝回銮后，被重修一新的西苑与颐和园依然是慈禧太后的常住之地。时任邮传部左侍郎的盛宣怀自愿报效，筹银124900两，向德国荣华洋行购进发电设备及电灯装置，其中颐和园分配50900两，西苑分配74000两，从使用银两的比例判断，恢复后的西苑电灯公所的规模比颐和园电灯公所还要大。1904年中，两座电灯公所恢复了对两座皇家园林的"点灯"工作。

那么，电灯是何时进入紫禁城的呢？

光绪三十三年十一月二十二日（1907年12月26日），慈禧太后发布懿旨："著西苑电灯公所速即安设宁寿宫电灯，在紫禁城外采择房间，安置机器，务于年内备齐承差，钦此。"懿旨中要求的"紫禁城外房间"就是后来的发电机房，它被安排在距离东华门一步之遥的北池子大悲院内。1908年1月（农历仍是年内），紫禁城第一次被电灯点亮。为什么慈禧太后一定要在"年内"办妥宁寿宫电灯事宜呢？《清实录》载，光绪二十四年（1898年）元旦那天，光绪皇帝先是在奉先殿、堂子行礼，然后率王以下文武大臣到慈宁门向慈禧太后行庆贺礼，随后临御太和殿接受百官朝贺，再到大高殿、寿皇殿行礼，最后皇帝本人要到宁寿宫、乐寿堂再向慈禧太后行礼，一天的忙碌可想而知。从初五到初八，一连四天，光绪皇帝每天都

20世纪初，乾清宫装上了豪华的吊灯。

要到宁寿宫、乐寿堂拜见太后。初八，慈禧太后离开紫禁城驻跸西苑。说明在新年的头八天里，慈禧太后一直是居住在宁寿宫区。74岁的老太后着急在新年享受享受电灯，也在情理之中吧。

同年三月十四日，内务府"为备上用"而购买蒸汽机、发电机及电灯、轮车等，紫禁城使用电灯的规模进一步扩大。慈禧太后和光绪帝在本年十一月双双崩逝，但宫廷对紫禁城内的电灯线路扩建却没有因此止步。宣统元年（1909年），西苑电灯公所奉隆裕皇太后懿旨："著在长春宫、建福宫、御花园各宫并长街等处安设电灯，先将建福宫正殿等处内外电灯迅速安挂，其余各殿灯只陆续接办等。"由此，紫禁城内电灯的使用已经从最初的宁寿宫一区扩大到整个内廷的范围了。今天，我们从溥仪"小朝廷"时期的照片中，很容易便能发现紫禁城中电灯的身影。

20世纪20年代初，养心殿东暖阁。

1922 年，坤宁宫冬暖殿。

20 世纪 20 年代初，崇敬殿东间。

20 世纪 20 年代初，漱芳斋院落内可见室外灯。

20 世纪 20 年代初，西二长街纯佑门装有电灯。

文／供图　王志伟

庚子国变后的北京城

1900 年 7 月 24 日，德国公使穆默与随行人员登上了从日内瓦起航的轮船"普鲁士号"，前往中国。一个月前，前一任德国公使克林德死于清兵恩海枪下，八国联军以此为由正式与义和团和清军开战。洋枪洋炮对付大刀长矛，获胜只是时间问题。穆默前往中国，一是为了接任德国公使之职，更重要的则是为了处理战后事宜，为德国攫取更大的胜利果实。穆默一行从上海登陆，经天津来到北京。一路上，爱好摄影的穆默用自己手里的相机记录下战后满目疮痍的中国。

八国联军侵入北京时，慈禧太后已经带着光绪皇帝逃往西安。面对这座历史悠久、文物众多的古城，各国军队甫一入城，便纷纷抢占各自地盘，冲突不断。为了尽量避免侵略军之间的矛盾，各国司令官商议后决定对北京城实施分区占领。从朝阳门到宫城间，画一直线，俄、法占领东边，英、美占领西边，日本占领北边。不同国家的占领区内，情况也不尽相同。据时人记载："俄军界内，存者唯狗；法意军界，触目萧条，几无人迹；德军界内，惨况倍之；英军界内，虽有人烟，亦甚寥寥；日军界内，熙熙攘攘，往来如市；美军界内，安堵如故，市肆全开。"甲午之后初登国际舞台的日本，急于展现自身所谓的"文明国家"形象，对占领区的骚扰不算突出。与之形成鲜明对比的是俄国、德国和法国，占领区内报复性的烧杀抢掠此起彼伏，居民深受其苦。

时局稍微稳定后，各国侵略者在各自占领区内设立了维持秩序的殖民机构。其中，日本、俄国和意大利分别设立了"安民公所"，法国和英国分别设立了"保安公所"，美国设立了"协巡公所"，德国设立了"巡防普安公所"。各国"公所"都设立了巡捕房，巡捕大多由华人充当。从时人留下的日记看，

1901年2月2日，联军在午门广场为刚刚去世的英国维多利亚女王举行悼念仪式。

占领区公所负责的日常事务非常繁杂。张贴靖民告示、强迫悬挂外国国旗、司法裁定、维持治安、强征民夫、纳捐纳税，都在公所职权范围内。除此之外，公所还肩负起城市行政管理的具体事宜，例如夜晚挂灯、平整并打扫街道、路面泼水、设立厕所，甚至包括颇为正面的舍粥、禁毒和搜查赌场娼妓等职责。

1900年10月21日，穆默一行经过近3个月的长途旅行，到达北京城。此时，八国联军统帅瓦德西也刚刚抵达北京。瓦德西对各国侵略军各自为政的状况非常不满。为了树立自己总司令的权威，他提议成立一个统一管理北京的委员会，由德国的格尔少将担任主席。经过一个多月的反复磋商，1900年12月10日，"管理北京委员会"宣告成立，办公地点设在理藩院衙门。由于联军各国都在谋取本国在华利益最大化，彼此间矛盾争端不断，所以"管理北京委员会"最终成了一个松散的殖民机构。委员会统一提出的若干规章制度都成了一纸空文，占领区的统治权仍然在各国侵略军司令手中。

穆默到达北京后，便投入了《辛丑条约》的谈判中。经过将近一年的谈判，1901年9月7日《辛丑条约》签订。清政府向各国赔款白银四亿五千万两，侵略者赢得盆满钵满，以至于连穆默自己也表示："我们提出了不合理的要求，但我们的要求得到了满足。"作为交换，1901 年 9 月 17 日八国联军撤出北京，列强正式将紫禁城移交给清政府。

1902 年，穆默借回国休假之际，把自己在中国拍摄的照片结集出版，名为《照片日记》。这本影集汇集了 600 多张照片，其中大部分拍摄于北京。通过这些照片，我们得以窥见庚子国变后的北京城。

崇文门外大街被炸得面目全非。

1902 年，正在修建的美国传教士医院（今同仁医院）。

朝阳门外东岳庙前面的牌坊。

破败的紫禁城南大门——天安门。

德国公使馆接待厅内景。

　德国为克林德在使馆花园里建了墓，在京的清政府官员为他赠送了挽联。

文 / 靳晓萌

北堂三百年

1900 年 6 月 15 日清晨，西什库附近的居民被一阵阵嘈杂的呐喊声惊醒。原来，聚集在此多日的义和团拳民，要向西什库教堂发起进攻了。

随着义和团运动的不断蔓延，自 6 月 8 日起，在北京的外国人和中国教徒开始向东交民巷使馆区、美国美以美会教堂和西什库教堂集中。据《北京天主教堂之围》统计，当时北堂聚集了 30 名法国军官和海军陆战队队员、10 名意大利人、13 名法国神父、20 名修女和 3200 多名本地教徒。后来，中国教徒刘品一在《西什库被围纪略》里回忆："（义和团）至西什库大街前，将某家棚铺点着。火光冲天，风借火势，火助风威，加以杀喊之声，实令人惊心动魄。此时余等自忖必死无疑，人人面孔煞白，坐以待毙。"

集体冲锋遭遇洋人火枪的反击，很快停止。几日后，清兵调来火炮，轰掉了西什库教堂顶部的十字架。对教堂威胁更大的是义和团、清军挖的地道和埋的地雷，地雷共爆炸了 4 次，西什库教堂大堂旁边被炸出了一个大坑。不过，直到 8 月 16 日八国联军攻占北京城，义和团与清兵最终没能攻下西什库教堂。

1901 年，《辛丑条约》签订后，西什库教堂开始着手重建，恢复了原来的规模。其实，这座教堂最早并非建于西什库，而是建在中海西侧的蚕池口，也就是今天国家图书馆文津馆斜对面。教堂名为救世主教堂，因为地名蚕池口，也俗称"蚕池口教堂"。

康熙三十二年（1693 年）五月的一天，正值盛年的康熙皇帝感到身体时冷时热，十分不适。御医虽然着急，却也束手无策。此前康熙皇帝曾与法国耶稣会教士洪若翰讨论过西医西药，危急时刻，他想起了身在广州的洪若翰。洪若翰接到圣旨后，立即将法国

1890年前后，启用不久的西什库教堂。

多罗神父寄来的金鸡纳霜送到京城。经过多次试验后，皇帝服下他进呈的金鸡纳霜，不久就痊愈了。为了表示感谢，皇帝将蚕池口的一块地赏赐给洪若翰建教堂。1703年12月正式开堂时，康熙皇帝还赠送了一方匾额、一副长联以及一首律诗表示庆贺。

后来，清政府禁教，蚕池口教堂于道光七年（1827年）被查封。不过，第二次鸦片战争后，蚕池口教堂又原址重建，建筑颇为高大华美。

可是，蚕池口距三海很近，站在教堂高耸的钟楼上，可以轻易看到皇家禁苑。这一直是清皇室的一块心病。光绪十一年（1885年），清廷借着扩建中南海的机会，有意将教堂纳入皇家范围，把教堂迁到了不远处的西什库。

西什库原是明清两朝的皇家仓库，因有10个库房，又在皇城西北角，所以叫"西什库"。教堂占去了西什库南段的8个仓库，成为当时北京规模最大的天主教堂。据记载，当时西什库教堂的主体建筑是主教座堂，俗称"大堂"；大堂南边有两道门，里面是公门，外面是大门，大门紧邻西安门大街；大堂西侧由北向南是主教公署，西南角是印刷所；东侧由北至南依次有小修院、大修院、神学院；大堂正北方紧挨着的是图书馆；再往北一条小路之隔是仁慈堂，仁慈堂两侧分别是两个孤儿院。

1901年，西什库教堂重修完毕，原有的教堂钟楼加高了一层，被炮火摧毁的主教公署、修道院和育婴堂也修缮完好。

　　如今，蚕池口的老教堂早已不见踪迹，西什库的新教堂也历经风雨，日渐斑驳。

1860 年至 1864 年，从蚕池口教堂原址南侧的屋顶上向南偏东拍摄，可见原教堂区域入口大门。

1871 年，约翰·汤姆逊拍摄的蚕池口教堂正立面。

1901年法国人的航拍照片，可以看出西什库教堂前根本无险可守。

文／陈莹　供图／徐家宁

1902，重修正阳门

1900 年，义和团运动传入北京。前门大街上出售洋药的"老德记"，成为义和团攻击的对象。义和团一把火烧了"老德记"，火借风势，一路烧开，前门大街上鳞次栉比的金店、绸庄、参店、洋货店等全都毁于一旦。大火不仅烧毁了前门大街和大栅栏的商家，还殃及正阳门箭楼。

祸不单行，不久，驻扎在瓮城内的英属印度兵，在正阳门城楼上做饭，不慎失火，又将正阳门城楼给烧了。除了城楼底座及门洞残存，周围一片狼藉。有"国门"之称的正阳门，如风雨飘摇中的大清朝一样，丧失了最后一点尊严。

正阳门命运多舛，历史上它曾几次惨遭焚毁。明万历三十八年（1610 年）正阳门箭楼失火，从傍晚一直烧到次日辰时；清乾隆四十五年（1780 年）城楼失火；道光二十九年（1849 年）箭楼失火；同治五年（1866 年）瓮城东门洞千斤闸自燃……不过，由于正阳门位置特殊，每次失火后，它都被迅速修复起来。可是，庚子年这场惨祸，非同一般。八国联军不但占领了北京城，连慈禧太后和光绪皇帝都逃到陕西去了。因此，直到 1902 年"两宫回銮"时，清政府仍没有对正阳门做任何修复。

1902 年 1 月，在西安避难一年多的慈禧太后和光绪皇帝返回京城。按计划，帝后从马家堡火车站下车后，銮驾要从永定门往北走，通过正阳门回到紫禁城。可是，正阳门这么"秃着"迎接慈禧太后和光绪皇帝，太不成体统。于是，官员们想了个救急的办法——让承修正阳门工程的厂商在城楼上搭了一个临时的彩牌楼。当时接驾的直隶总督陈夔龙在《梦蕉亭杂记》中写道："辛丑两宫回銮有期。余奉命承修跸路工程，以规制崇闳，须向外洋采办木料，一时不能兴工。

19 世纪 80 年代，被烧毁前的正阳门城楼。

正阳门重建工作开始后，老百姓的交通看起来没受什么影响，还有人力车在工地上趴活儿。

不得已，命厂商先搭席棚，以五色绸绫，一切如门楼之式，以备驾到时，藉壮观瞻。"据说，彩牌楼扎得异常精美，引来众多百姓前来观看。

不过，路过正阳门的慈禧太后看见这个"山寨"国门，心里还是颇不是滋味。回宫后，她便下了一道懿旨："门楼为中外观瞻所系，急需修建。"可是，修正阳门需要钱，刚逃难回来的慈禧太后囊中羞涩，上哪儿去找钱呢？于是，她下旨命令，"全国二十一行省，大省报效二万，小省报效一万"，这才有钱重建前门楼，挽回了一些颜面。

1900 年 6 月 16 日的大火烧了正阳门箭楼，当时在英国使馆工作的翟兰思拍摄下这一刻。三个多月后，正阳门城楼也被烧毁。

1901年，正阳门城楼被烧毁后的样子（自南向北拍摄）。

据直隶总督袁世凯和顺天府尹陈璧上的《修正阳门工程奏折》记载："光绪二十八年（1902年）十一月二十六日开工，三年完工，光绪三十二年（1906年）五月全部报齐。大楼工料价足银二十七万四千二百二两四钱二分，箭楼工料价足银十五万五千六百九十八两八钱七分，两项共计工料价足银四十二万九千九百一两二钱九分。"

不过，花费"举国之银"重建的正阳门，后来落在了美国人手里。正阳门城楼及东侧城垣成了美军兵营及使馆边界。美国人还在城楼及城垣上设岗，盘查进出城门的车马行人，上下正阳门城楼也须得到他们的批准。直到民国以后，美国人才把正阳门交还给民国政府。

1902 年，为迎接两宫回銮，清政府特意在原城楼的位置搭了彩牌楼，样式雷还画了图纸。

历史印记·1902，重修正阳门

重建工程进行大半，满汉文的华带牌已经挂了上去。

重建完成
的正阳门城楼
（自南向北
拍摄）。

文／黄加佳　供图／徐家宁

北京内城城墙第一次被拆

1900 年庚子事变，八国联军攻打北京城。英军从广渠门攻进城后，发现里面还有一圈更加坚固高大的内城城墙。由于一时无法攻克正阳门和崇文门，英军派出一队英属印度士兵沿着城墙寻找突破口。结果，印度士兵在正阳门和崇文门之间发现了专门为进出水而开辟的正阳门东水关。

明清北京内城的城墙上有若干水关，其中最大的就是正阳门东水关。它位于正阳门和崇文门之间的城墙下方。正阳门东水关分为两部分，水下部分为铁栅栏结构，焊死固定，可以通水，并可以阻止杂物进出；水上部分略狭小，为对开木门结构，平时关闭。

清末北京城缺水，御河已经干涸，河道杂草丛生、垃圾遍布，正阳门东水关常年没有维护，非常破旧。印度士兵们跳入河道，砸开了水关下部的铁栏杆，从这里冲进北京内城，直接进入了被围困多日的东交民巷使馆区。

1901 年，清政府与英、美、日、德、俄等十一国签订了《辛丑条约》，划定使馆区的四至，南起东城根，北到东长安街，西至东交民巷西口（户部街），东到崇文门大街，是原来使馆区面积的 20 倍，并允许各国设独立军营。

改造东交民巷期间，英国人同时改造了中御河桥南，把两侧堤岸包砖，并安上石栏杆，北御河桥一侧的砖砌小型碉楼城关，变为东交民巷的北出口。

不久，正阳门东车站建成，火车可以一直开到正阳门下。为了方便使馆区的外国人乘车，英国人决定改造正阳门东水关。他们刨开水关门上的城墙墙体，在城墙上单开一门，作为东交民巷的南门户。这样一来，从正阳门东站下车的外国人，可以直接进入东交民巷，不但省了不少路，而且不用受正阳门城门管制的限制了。这是北京内城城墙第

1880 年左右中御河桥，可以看出那时御河中还有水。

1900 年从城墙外侧看水关，水关上的木门和栅栏已经被拆毁了。

1905 年左右改造后的中御河桥。

1905 年，从六国饭店南望水关门和南御河桥。

历史印记·北京内城城墙第一次被拆

1905 年左右水关门南侧，门上有英文匾额"WATER GATE"。

1925 年左右从城墙北望御河，河道已经盖板，改成花园。

1900年印度士兵进入水关门时的画作，原载于《伦敦新闻画报》。

一次被拆，也象征着清政府失去了对城市门户的控制。

　　水关门采用外国券拱式门洞设计，门洞上方的石匾上题刻着英文"WATER GATE"，意为"水门"。水关门券洞内安装西式大铁门一对，门外设立了西式的士兵岗亭和值房，日常由英国士兵把守。老北京人因为怀念曾经的水关，都称这里为"水关门"。水关门虽然也被称为城门，但是它并不在北京"内九外七皇城四"的正式城门之列。

　　1926年，北洋政府将中御河桥以北至长安街一段的御河改为暗沟，路面中间辟为绿化隔离带，仍以原来的东西河沿为通道。20世纪30年代，东长安街北侧南河沿改为暗沟以后，北御河桥也被拆改为马路。抗战胜利以后，东交民巷御河桥东侧路被命名为兴国路，西侧路为正义路。1949年后，两侧统一称为正义路。1965年，因修建地铁，水关门与北京南城墙同时被拆除。

文 / 供图　韩立恒

打通皇城长安街

"在那北京城内，大圈圈里头有个小圈圈，小圈圈里头有个黄圈圈。"京剧《游龙戏凤》中，正德皇帝对李凤姐说的这句戏词成为人们对北京城最直观的描述。"大圈圈"指的是内城，"小圈圈"指的是皇城，"黄圈圈"则是紫禁城。

据《大清会典》记载，皇城南起天安门，北到地安门，东起东安门，西到西安门。也就是今天南起长安街，北到平安大街，东起南北河沿（今皇城根遗址公园），西达西黄城根一线的广大区域。在帝王时代，普通老百姓是不准进入皇城的。如果有人想从西面的阜成门到东面的朝阳门，得取道正阳门，绕过半个皇城。

北京建城之际，设计者把紫禁城包裹在一圈一圈的城墙中是出于保护皇家安全的目的。然而，随着北京人口的增加和交通的繁忙，改造皇城，开墙修路，成为当务之急。

1912 年，袁世凯把总统府搬进中南海。按中国传统，府邸正门都要开在南面，传说中香妃居住过的宝月楼距南墙最近，便成为首选。在内务总长朱启钤的主持下，宝月楼被改造成总统府正门，名曰"新华门"。为方便出入，楼前原有的一段皇城城墙被拆除，新建"八"字短墙接楼两侧，楼下开辟车道供人员通行。

为了方便交通，朱启钤对天安门前的区域也做了一番调整。旧时，天安门前并不是广场，而是一个呈 T 字形的狭长空间。天安门与正阳门之间还有一个大清门，位于现在毛主席纪念堂的位置。民国后，大清门改称中华门（1959 年扩建天安门广场时被拆除）。门前的甬道两旁各绕以石栏，形如棋盘，被称为棋盘街。天安门与中华门之间，有东西向折而北向的千步廊 144 间，它们名义上是朝房，实际在明清两代主要用作库房。千步廊在天安门前折向东、西两侧，与太庙前的长安左门和社稷坛前的长安右门相连。长安左右门都是三阙券门，以前文武百官上朝，都要从长安左右门进入皇城，无论爵位多高、官多大，到了这里都要下马下轿。长安左门也是进入皇城的唯一通道（长安左右门于1952年被拆除）。因此，天安门前原本是一个封闭的空间。

民国初年，千步廊已经破败不堪。为了打通长安街，朱启钤大胆地拆除了千步廊和长安左右门的卡墙，从此有了"神州第一街"——长安街。1912年，也是在朱启钤的主持下，皇城城墙东西已经各开了一座券门——南池子和南长街，打通了两条皇城通向东西长安街的通道。这两座券门样式简单，极具传统意味，与原皇城墙结合得天衣无缝。

同时，朱启钤更大胆地将皇城城墙的东、北、西三面拆除，只留下南城墙，去掉了横亘在北京城中心的交通大堵点，彻底盘活了北京的交通。

经过一番改造，封闭了几百年的皇城，第一次可以任北京市民自由穿行。曾经的帝国都城开始变为近代城市。

本片拍摄于1902年，当时千步廊犹在，天安门前仍是封闭格局，中华门也还叫大清门。行人只能从天安门建筑群右侧的户部街通行，交通十分拥堵。

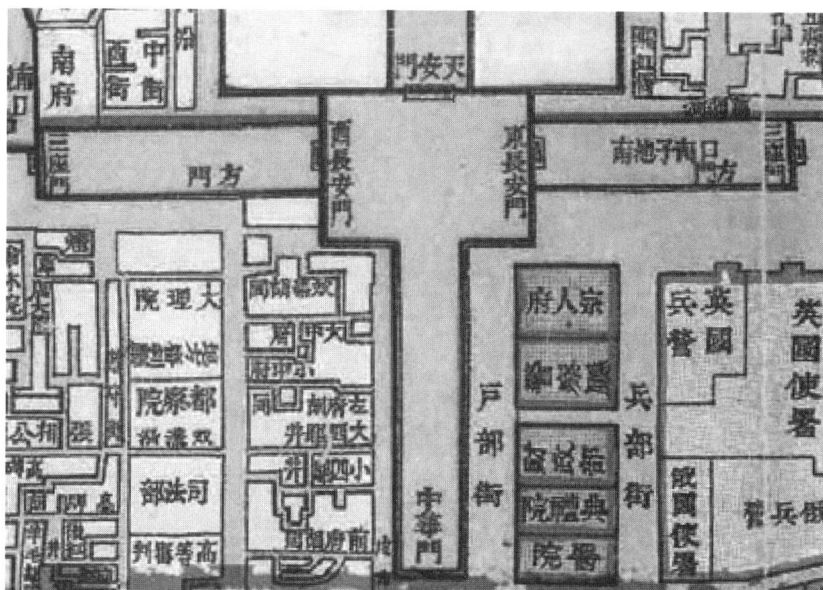

地图中可见天安门前的丁字形空间。

改造前的长安左门卡墙犹在，人们只能从三个门洞通行。

袁世凯搬入中南海后，将最靠近皇城南墙的宝月楼辟为大门，并命名为新华门。图为改造后的新华门。

改造后的天安门前，此时千步廊已经拆除，道路拓宽，交通拥堵情况明显缓解。

中華門外東面石棚杆工程落成圖

1915 年中华门外东面石栏杆工程完工，道路铺设一新。

　　1915年，在朱启钤的主持下，千步廊拆除后，天安门前形成一片空旷的广场。大清门改称中华门，中华门至正阳门之间的棋盘街增建了两个小花园。此片是在正阳门城楼上向北拍摄的，经过改造后的天安门广场一览无余。远处的景山、北海白塔、紫禁城角楼、午门、西华门、东华门清晰可见。

文 / 靳晓萌　　供图 / 秦风老照片馆　徐家宁　正阳门管理处

民国销烟

查禁烟毒，在中国并非一个现代才有的概念。早在19世纪20年代，道光皇帝一道诏令，就拉开了中国历史上第一次禁烟运动的序幕。1839年，林则徐大刀阔斧的虎门销烟，更是把这次运动推到了顶点。

这次禁烟事件成了英国发动战争的导火索，随之而来的，便是蓄谋已久的鸦片战争和鸦片在中国的泛滥成灾。

甲午战争惨败后，民族救亡运动空前高涨，鸦片问题作为国家耻辱与衰败的象征，越来越受到有识之士的抨击。在社会舆论的推动下，1906年9月20日，光绪帝明降谕令，宣布严厉禁烟。清政府与英国政府多次交涉，终于在1908年3月签订了《中英禁烟条约》。

第二年的2月1日，中、美、法、德、日、荷、葡、巴、俄等13个国家共41名代表在上海举行了万国禁烟会议，开创了世界近代史上国际禁毒合作的先河。有利的国际环境，使得清末持续五年多的禁烟运动取得了不错的成效。据统计，运动期间关闭了数以万计的烟馆，仅京师就有2.1万"烟民"戒了烟毒，直隶、山东还实现了罂粟的完全禁种。

民国初建，1912年3月2日，上任不久的临时大总统孙中山颁布了《大总统禁烟文》，斥责鸦片"小足以破业殒身，大足以亡国灭种"，明令全国禁止鸦片，实际上延续了晚清兴起的禁烟运动。

然而，到了袁世凯当政后期，烟禁开始松弛。1915年，为了筹措洪宪帝制的经费，袁世凯亲自批准在江西、江苏、广东三省试行鸦片新税，相当于变相承认了鸦片生意的合法存在。不久，他又起用亲信蔡乃煌为皖赣苏三省禁烟督办，名为"禁烟"，实则与英商勾结，禁止土烟，售卖洋烟，并从中收取巨额好处。据说，仅此一项就获利2000余万元，为袁世凯称帝提供了三分之一经费。

袁世凯死后，中国社会陷入了军阀割据、混战的动荡之中。大大小小的军阀，为了抢占地盘，搜刮军费，民国初年的禁烟法规、条例，在执政的各路军阀眼中，日益形同废纸。

1919年1月，时任北洋政府大总统的徐世昌亲自下令，在上海浦东陆家嘴当众焚毁案值1000余万元的鸦片存土1207箱。此举乍一看是销烟，背后却大有文章。原来，这批存土是副总统冯国璋以政府名义从洋行低价购入，拟以高价卖给北京的土商集团，然后运往苏、赣两省销售。孰料，消息传出后，舆论哗然，反对之声不绝于耳，迫于公众的强大压力，徐世昌才有了焚土之举。并且，事后经人揭发，禁烟的主持者还采用小箱换大箱、以假充真、偷天换日等手法，贪污受贿，勾结分肥。

实际上，当浦东的销烟之火熊熊燃烧之时，各地的烟毒已经再次泛滥了。

面对鸦片"复活"，一些民间组织和人士自发行动起来，督促北洋政府和地方政府禁烟。比如，1918年，北京的一些中外人士筹备组织禁烟委员会，后改名为中华万国禁烟会（又称万国拒土会）。总会设在北京，总干事为英国人韩济京，全国各地也相继成立了分会。

参与禁烟的各界人士。

历史印记·民国销烟

即将被销毁的烟枪。

销毁烟灯。

将鸦片扔进火里焚烧。

官员和在场的教
会人士检查即将被销
毁的烟土和烟具。

1919 年 10 月，北京各界人士在通县公开焚烧了超过 7000 盎司的鸦片等毒品及吸毒工具。

美国人西德尼·戴维·甘博于1919年拍摄的河北通县（今北京通州）查禁烟毒的照片中，就有不少外国人和民间人士的身影。据甘博在《北京的社会调查》一书中记载，当时北京的步军统领衙门行使部分警察功能，北京的每一座城门及城外防区都有步军仔细盘查鸦片、吗啡、可卡因等毒品。有意思的是，他提到："如果查获到毒品，只要不属于某位达官显贵，都要被罚没并在其后公开销毁。"

甘博拍摄的通县，在1919年10月公开焚烧了超过7000盎司（1盎司约为28.35克）的鸦片、吗啡和其他毒品以及烟枪、针头等吸毒工具，总案值5万银圆。然而，给予达官显贵特权的"禁毒"，注定无法有效执行。整个民国期间，禁烟从未完全收效，鸦片甚至成为军阀官员们半公开的揽财工具，张学良等民国名人都有过长期吸食鸦片的经历。

直到中华人民共和国成立后，鸦片这个寄生在中国长达百年的大毒瘤，才得以被真正铲除，禁烟运动才获得了最后的成功。

通县禁烟活动仪式上，各界人士合影。

文／杨丽娟　供图／杜克大学图书馆

从紫禁城到博物院

2017 年 12 月 14 日，历时三个月的"千里江山——历代青绿山水画特展"在故宫落下帷幕。展期里，人们有机会近距离地欣赏到传说中的《千里江山图》《江山秋色图》和《游春图》等。为了能找到跟国宝亲密接触的最佳位置，不少游客一进午门就开始狂奔，为此还产生了一个新的网络热词——"故宫跑"。去故宫看展览，现在已然成为京城文化生活的一大乐事。其实，早在一百年前，去故宫看展览就已经是老北京文化界的一件盛事。据说，1925 年 10 月 10 日故宫博物院开幕那天，无数闻讯而来的北京人把故宫堵了个水泄不通。不少游客如"夹心饼干"一样，连展柜的边都没瞧见，又随着人流被挤出了展厅。

紫禁城对外开放的时间，要从 1914 年古物陈列所建立算起。经过古物陈列所与逊清小朝廷的"南北隔绝期"，再经过古物陈列所与故宫博物院的"两院分治期"，直到 1948 年 3 月，古物陈列所并入故宫博物院以后，紫禁城才实现了完整管理，以一个整体的形象对公众开放，历时 34 年之久。

1914 年，古物陈列所在紫禁城外朝建立。展厅利用外朝建筑文华殿、武英殿等，展出文物主要包括从热河避暑山庄以及盛京皇宫运回的文物藏品等。由于溥仪还生活在紫禁城"内廷"，为了便于稽查管理和约束逊清朝廷，古物陈列所对其所在的外朝区域进行了较大的门禁改造。例如，将保和殿后门用砖封堵，在清内务府和上驷院修建新右门与新左门等。这些改造直到 1948 年以后才逐渐被复原。1924 年 11 月 5 日，溥仪被驱逐出宫。第二年"双十节"，故宫博物院正式成立，由此形成了一座紫禁城、两个博物馆（南部古物陈列所，北部故宫博物院）的局面。

古物陈列所与故宫博物院作为中国近现

代历史上规模较大、开办时间较早的博物馆，以其丰富的馆藏资源与无与伦比的展陈空间著称于世。民国年间，去古物陈列所和故宫博物院参观，对老百姓而言是件比较奢侈的事。门票贵不说，衣着不整者一律不准入内，而且绝对禁止随地吐痰，这在当时是相当不容易做到的。

　　不同于其他博物馆的是，古物陈列所与故宫博物院的展陈空间本身就是明清两代的建筑文物。一切展览设施的安排，均不得破坏现有古建筑。其实这在很大程度上约束了陈列展览的手段，所以在照片中我们看到两座博物馆的展陈环境，很大程度上保持着清宫的原貌。

　　古物陈列所作为原状开放的太和殿。本片摄于 1922 年。太和殿是紫禁城里较早开放的原状陈列宫殿之一。照片上太和殿里保持着 1917 年袁世凯"洪宪称帝"时的状态。紫宸台上陈列着鼎炉、佛造像和佛塔，宝座被袁世凯换成了"高背大椅"，显得不伦不类。

　　古物陈列所文渊阁《四库全书》陈列。本片摄于 1925 年至 1933 年。照片为文渊阁本《四库全书》原函、原架保存在文渊阁中的情景。《四库全书》连同《钦定古今图书集成》入藏文渊阁，按经、史、子、集四部分架放置。以经部儒家经典为首，共 22 架，和《四库全书总目考证》《钦定古今图书集成》放置一层，并在中间设皇帝宝座，为讲经筵之处。二层中三间与一层相通，周围设楼板，置书架，放史部书 33 架。二层为暗层，光线极弱，只能藏书，不利阅览。三层除西尽间为楼梯间外，其他五间连通，每间依前后柱位列书架间隔，宽敞明亮。子部书 22 架、集部书 28 架存放在此。明间设御榻，备皇帝随时登阁览阅。乾隆皇帝为有如此豪华的藏书规模感到骄傲，曾作诗曰：　"丙申高阁秩干歌，今喜书成邺架罗。"清宫规定，大臣官员之中如有嗜好古书、勤于学习者，经允许可以到阁中阅览书籍，但不得损害书籍，更不许携带书籍出阁。

　　古物馆第六陈列室。本片摄于 1925 年至 1933 年。这是书画陈列室，墙上中间一张立轴是清周鲲《十二禁御·林钟盛夏图》卷，描绘的是圆明园福海风光。这幅画在 1933 年随故宫古物南迁，现保存在台北故宫博物院。

承乾宫清代瓷器陈
列。本片摄于 1925 年
至 1933 年。

养性殿清宫乐器陈列。本片摄于 1925 年至 1933 年。

古物馆第九陈列室。本片摄于1925年至1933年。这里是清宫器物展室，照片可见展柜上贴着写有"清室善后委员会"字样的封条，还有"请勿动手"的参观提示。

颐和轩八旗甲胄陈列。本片摄于1925年至1933年。

文／供图　王志伟

历史印记·从紫禁城到博物院

百年前，京西缆车运煤不运人

去香山赏红叶的人，十有八九坐过缆车。缆车在山中穿行，红叶就在脚下，大有"一览众山小"的感觉，既省力又方便快捷。不过您大概不知道，百余年前门头沟、房山山区中就有一条这样的缆车，时称"高线铁路"。不过它不运人，而运煤。

"烧不尽的西山煤。"旧时，人们这样形容京西煤炭储量。北京地区对煤炭的开采使用能够追溯到辽金时期。由于煤矿普遍位于层峦叠嶂之中，山路崎岖，交通不便，数百年来出产于房山、门头沟的煤炭主要依靠以骆驼为主的畜力运输到北京城。

1898年，旨在运输房山周口店沿线的煤炭、石灰资源而修建的卢汉铁路周口店支线建成；1904年，另一条运煤专线坨里支线也建成并投入使用。由于周口店、坨里位于房山南沟、北沟的出山口，铁路修通后，房山深山中的煤炭、石灰和农产品终于可以更多地运送出去。

铁路虽然大大提高了房山煤炭运输的运力，但由于两条支线均修建在平原与山区的过渡区域，深山区靠牲畜运送，煤运的状况并未得到改变。1907年，天津商人王竹林看到了商机，针对山区地势崎岖难以修建铁路的特点，他提出修建高空索道的想法，并随即上书直隶总督袁世凯。由于当时高空索道在国内尚属首创，袁世凯在看到王竹林的设计图纸并充分考虑利弊之后方才批准。得到批准后，王竹林汇集天津盐商，以商会名义筹集资金300万两白银，随后以房山县周口店坨里村高线运煤公司的名义，与荷兰制造机器厂在华代理天津恒丰洋行签订合同，聘请德国、比利时工程师进行线路设计。

房山高线铁路设计里程78华里（1华里为0.5千米），实际通车54华里，原本计划自坨里火车站沿着大石河沿岸的山岗串起房

房山坨里矿局总局西面，高线铁路正在运行。

佛子庄站行车机器，根据修建初期的合同约定，机器设计寿命为 30 年至 50 年。

山北沟诸多煤矿，绕过猫耳山之后连接周口店火车站，修成一条环线，但由于环境、资金及技术的制约，最终只建成三条独立线路，串起房山北部山区主要煤炭产地。据档案记载，高线铁路建成之初，在大石河畔的山峦之间架设用来牵引索道的线架 241 个，用来为索道运输提供蒸汽动力或检修、装卸的大小车站 16 座，满载可运输煤炭 700 斤的斗车 520 辆，运行时间单程 2 小时，设计运力每小时运煤 40 吨。线路建成后，西山里的煤炭资源迅速扩大销量。

由于高线铁路没能按照设计图纸修建成一条环线，因此高线铁路以起始点分别设立坨清公司、周长公司，1912 年年初正式分段运营。高线铁路串起永兴窑等沿线近百所大小煤矿，下设车务处、站务处、工程处等办事机构。高线铁路所有的机器、零件全部依赖进口，并聘请德国、比利时工程师来华修建、保障，除去总经理等管理人员外，公司聘请的德国工程师，最高年薪达 3000 银圆。由于这条高空索道的外观是高空之上用高大的铁架牵引着钢丝线缆，于是人们

高线铁路全线运行全部依靠蒸汽动力，用来提供行车动力的蒸汽锅炉全部是德国进口的。

高线铁路北窑车站。抗日战争时期，侵华日军以此为据点，借助高线铁路的运力，大肆掠夺煤炭资源。1940年1月，八路军九团攻打被日伪占据的北窑车站并炸毁蒸汽锅炉，高线铁路停运，有力地阻止了侵华日军对房山煤炭资源的掠夺。

高线铁路口头山大桥，高线铁路从口头山开始进入山区，由于山势陡峭，高度陡升，口头山大桥成为全线修建难度最大的路段。

高线铁路前山站，线路从这里分两个方向进山，分别修建至红煤厂和清港沟两座车站。

把它称为"高线铁路"。

除了运输煤炭，高线铁路还运输沿线农产品，并计划开展客运服务。抗战期间，高线铁路还一度成为运送抗日物资的补给线。

中华人民共和国成立后，高线铁路得到部分修复并迅速投入到百废待兴的生产建设当中。1956年，矿区铁路延长线建成，高线铁路停运，大部分线架、设备被调拨至山西，剩余部分线架被拆改成运送煤矸石的专用线。

2008年7月，经过多次改建残存的高线铁路线架的最后遗迹被拆除。作为我国第一条以蒸汽为动力的高空索道缆车，房山高线铁路在中国交通史上具有不可替代的历史地位，是一处独特的工业遗迹。

文／马志璞　供图／国家图书馆

七七事变前的"西北考察团"

20世纪二三十年代，由中国学术团体协会组织的"中瑞西北科学考察团"取得了重大成功，考古、地理、气象等方面的重大发现震动世界。一时间，"移民实边，开发西北，巩固国防"成为社会各界的共识。1937年5月，西北移垦促进会联合（北平）通俗读物编刊社、燕京大学通俗读物编刊社等文化团体共同发起组织了"暑期西北考察团"。

在向社会各界公开征求参加人员的公函中，暑期西北考察团的组织者表示，西北边域各地，关系国防重大。有鉴于此，该团拟借暑假之便，邀集各方人士对西北进行一次大规模的考察活动。征求函发出后，得到了国内许多大学的热烈响应。据6月29日《大公报》报道：全团报名参加人员，共119人，其中教授35人，学生58人，社会团体服务人员15人，实业界6人，自由职业者4人。团长由著名的历史学家顾颉刚担任，团员共分为4个组。

无论是官方还是学术界，对暑期西北考察团都非常支持。6月29日，北平市市长秦德纯在中南海怀仁堂为考察团举行了誓师大会。除了团长顾颉刚因病没有出席外，自副团长段承泽以下119名团员，全都参加了这次誓师大会。

细心的读者不难发现，考察团出发时距离七七事变爆发仅仅有一周时间。大战在即的北平，虽然已经能闻到浓重的火药味，但是中国学者仍对民族的未来、国家的发展拥有强烈的责任感。中国在现代化转型的道路上，仍一刻不停地前进着。可惜一周之后，七七事变爆发，日军的铁蹄打断了中国发展的脚步，也打断了这次雄心勃勃的考察。

幸运的是，在考察团中担任摄影师的金陵大学理学院教授孙明经，用自己的镜头记录下考察团誓师与出发的全过程，为这次未竟的考察活动留下了珍贵的影像档案。

　　1937年6月29日，暑期西北考察团全体成员在中南海怀仁堂举行誓师大会。在誓师大会上，北平市市长秦德纯举杯为考察团西征壮行。孙明经先生回忆，他们在宴会上喝的是皇家夏日常喝的荷叶莲子绿豆小枣汤。仅仅8天以后，秦德纯对所率二十九军下达了回击进犯日军的命令。

　　秦德纯举杯后，几乎在场所有考察团员都起身答谢，唯有近处两名年轻人稳稳地坐在自己的椅子上。拍摄完这张照片后，孙明经与此二人攀谈得知，这两位北大学子不满秦德纯在一二·九运动中的表现，因此拒不起立答谢。

　　历史印记·七七事变前的"西北考察团"

　　1937 年 6 月 30 日，西北考察团全团在副团长段承泽率领下，登上专车西进。图中的火车头是当时全国最大的火车头，从北平西去的列车，必须在南口火车站更换火车头才能继续西去，因为铁路从南口往西坡度堪称世界之冠。

　　1937 年，全国最大的火车头和驾驶它的司机。当时，仅有南口至康庄 20 多公里铁路能承受这个火车头的重量，车身上醒目的警告牌颇为有趣。

1937 年 6 月 30 日，考察团乘坐的列车行驶到青龙桥火车站，两名荷枪实弹、身背大刀的二十九军战士在站台上巡逻。

暑期西北考察团行至居庸外镇，虽然八达岭关城券门仍在，但是雄风不存，幸好"居庸外镇"四字匾额尚存。

文 / 时玉珍　供图 / 孙宇静

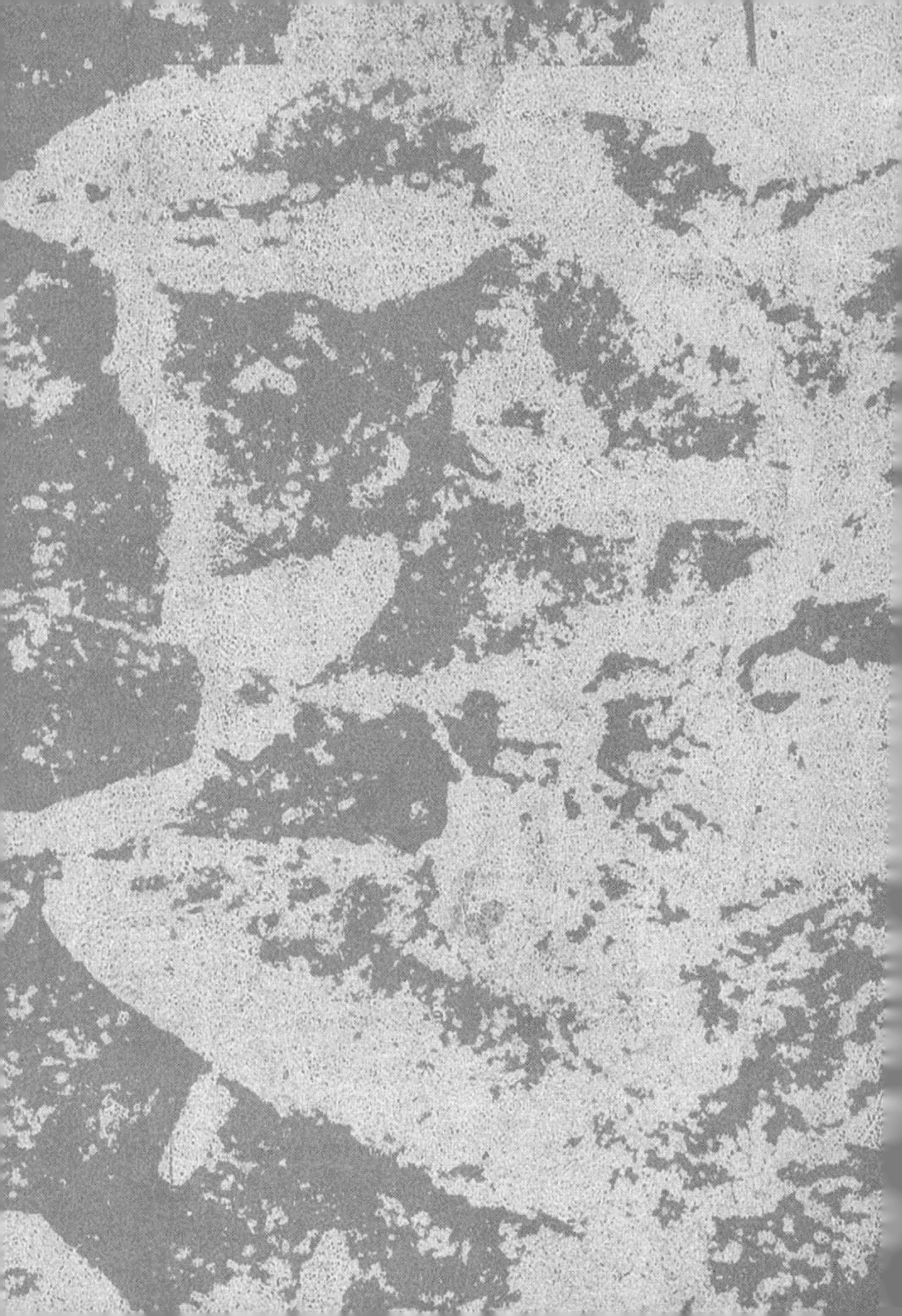

时代之变

旧京新潮

1919 年，美国哲学家、教育家杜威偕夫人到访中国。在北京访问期间，他们在写给孩子们的家书里，饶有兴趣地写道："我们每天至少吃一次冰淇淋，一次两大份。"

不惟冰淇淋，事实上，自 20 世纪初以来，在"西风东渐"的浪潮下，汽车、电话、高尔夫、苏打水、咖啡等五花八门的洋玩意儿不断涌入北京。人们的穿衣打扮、日常饮食和生活方式悄然变化，逛公园、看电影、跳舞等洋派娱乐方式也日渐流行。历史悠久的古都展现出摩登的一面。

1900 年，八国联军用洋枪洋炮打进北京，引发庚子国难。清政府被迫签订《辛丑条约》之后，"一种求生本能或王朝自救意识，终于把一个油干灯枯的颠顸王朝，推向了改革之路"。清末"新政"以来，北京的电力照明、电报电话、新式交通等公共事业逐渐起步，电灯点亮了京城夜景，东西南北贯通的大道，让人们从胡同走向商业新区。

王府井是北京时尚的前沿之地。由于毗邻东交民巷使馆、西交民巷银行区，周边富户集中，且外交使节、在京侨民汇聚，王府井大街高档洋行林立，西洋百货无不具备。民国时期，北京 38 家做西服的裁缝铺中，有 22 家在王府井附近。店主们订阅西方的时装杂志，从进口电影中学习服装样式，卖的都是最时髦的服装、配饰，是摩登男女最爱逛的地方。

穿洋服、吃西餐成为一种风尚。过去，北京人把西餐厅称为"番菜馆"。1914 年，北京较有名的番菜馆有 4 家，到 1920 年就发展到 12 家。20 世纪 30 年代，北京著名的西餐馆就有十几家，如廊房头条的撷英、中山公园里的来今雨轩、东安市场的森隆、西单的华美等。鲁迅、胡适都是番菜馆的常客，撷英、益昌番菜馆在他们的日记里屡屡被提到。

西餐馆里不仅有西式大菜，还有汽水、苏打水、咖啡等西式饮料。汽水过去常译为"荷兰水""苏打水"，清末徐珂在《清稗类钞·饮食类》中介绍："荷兰水，即汽水，以碳酸气及酒石酸或枸橼酸加糖及其他种果汁制成者，如柠檬水之类皆是。吾国初称西洋货品多曰荷兰，故沿称荷兰水，实非荷兰人所创，亦非产于荷兰也。"

上图：1909年，北京哈德门（崇文门）大街，图中"北京日报馆"的招牌格外显眼。北京日报馆是由兴中会会员朱淇于1904年8月创办的，社址在崇文门内船板胡同，因怕清政府破坏，故挂德商招牌。创刊初期叫《北京报》，后改为《北京日报》。画面右边的门脸儿是一间照相馆。

下图：清末民初，骑自行车在北京成为一种风尚。当时北京有很多自行车行，不生产零件，而是从欧洲各国进口。很多"车迷"让自行车行的伙计用不同零件给自己"攒车"。图为位于东单二条的云飞自行车行。

1892 年，正广和洋行在上海开办了正广和饮料公司，制造啤酒、汽水和其他饮料，是当时规模最大的汽水生产商。1902 年，英国商人麦沙斯在天津开办山海关汽水厂。溥仪是山海关汽水的爱好者，1922 年 12 月，末代皇帝溥仪大婚，山海关汽水被摆上婚宴餐桌。据史料记载："前一天从六国饭店订的牛奶蛋糕、面包、奶油布丁、沙丁鱼、牛肉、鸡肉、鸭肉等摆满圆桌，法国香槟酒、五星啤酒、山海关汽水杯盏交错。"

晚清，汽车就在北京的大街上跑起来了。进入民国后，汽车逐渐增多，但拥有者主要是高级官员、外交人员或家境殷实的大户人家。图为 20 世纪 20 年代，位于东交民巷使馆区的美国标准石油加油站。

1914 年，中央公园（今中山公园）开放，成为北京第一家城市公园。图为中山公园内的中式高尔夫球场。

1884 年 8 月，在李鸿章的反复争取下，清政府同意让电报线由东便门水关进城，在城内分为两路；一路进内城，在泡子河边吕公堂设官电局，专门收发政府电报；一路进外城，在崇文门外喜鹊胡同杨氏园设商电局，开放营业。图为开设在北京胡同里的电报局。

　　20 世纪初，珠市口同信恒绸缎洋货铺，门脸儿上挂着用英文写的"基督教青年会读书、写作和咖啡厅"的幌子。1895 年，青年会从美国传入中国，先后在北京、上海等地建立了基督教青年会机构，同时也将咖啡等洋玩意儿带入北京。

新兴事物不断涌现，与传统交织在一起，汇聚成清末民初北京的文化图景。正如美国学者史谦德所说："20 世纪 20 年代的北京，作为一个人类和物质的实体，清晰地保留着过去，容纳着现在，并且孕育着众多可能的未来中的基本因素。在 20 世纪 20 年代的中国，很少有城市看起来如此既非常传统和中国化，同时又蕴藏了现代和西方城市生活的内涵。"

1901 年，美国人波顿·霍尔姆斯拍摄的北京街景，远处一家商铺的门脸儿上赫然挂着写有 "Ice Cold Soda Water" 的幌子。"Ice Cold Soda Water" 直译为 "冰镇苏打水"，就是最早的汽水，也被人们称为 "荷兰水""苏打水"。1886 年，上海的屈臣氏大药房开始生产汽水、苏打水，现在仍能买到 "屈臣氏苏打水"。

文／张小英　供图／徐家宁　高一丁　张屹然

西"服"东渐：
清末民初女子服饰之变

晚清至民国,中国社会发生了巨大变化。作为社会发展的一面镜子,女性服饰随着社会变革明显变了模样。在这段新旧交替的时期,女性服饰一度种类繁多、风格各异。1912年的《申报》这样评价时人着装："西装东装,汉装满装,应有尽有,庞杂至不可言状。"

清代,女服分为满、汉两种式样。满人女性一般穿一体式的长袍（旧式旗袍）,汉人女性以二部式的上衣下裙为主。不过,清代中后期,二者也相互仿效、相互融合。

具体说来,汉人女子上身穿袄衫,长度到膝盖左右,下摆、袖口宽大。下身穿长裙或者裤子。满人女子衣着仍以长袍为主,宽腰、右大襟、长至掩足。不过,衣服的细节装饰要华丽得多。以领子、袖口、前襟等处的镶绲彩绣花边为例,早期通常为三镶五绲,清中期后越发繁复,最复杂的号称"十八镶",

甚至连衣服本料都显见不多了。

满人服饰造型中不得不提的还有旗头——"两把头"。这种发型需要把头发从脑后向上翻折,在头顶形成横髻。慈禧太后时期,为了便于插戴更多的发簪头饰,在"两把头"基础上形成了许多人熟悉的更为高大、华丽的"大拉翅"。

这种奢华、繁复的服饰风格并不长久。19世纪六七十年代,清政府为了挽救日益没落的封建王朝,不得不派遣学生游历外洋。与此同时,随着通商口岸、租界的开放,进入中国的侵略军、外国商人越来越多,西"服"东渐的趋势开始出现。例如,当时西方妇女流行扇面形高领,一些时尚的满、汉女子纷纷仿效,改低领为高领,有的领子甚至高得能挡住半张脸。此外,袖口变窄、腰身减小、绣花镶边装饰变得简洁,成为清末时尚女服的标志。不过,这些变化成为全社会的普遍

　　20世纪初，美国摄影师詹布鲁恩让"模特"们穿上清朝至民国的服装，摆拍了这张照片。虽然不完全是真实的日常服饰，但也能大致看出清末民初满人、汉人女性服饰的变化和不同。其中左二、左三、右三、右四为装饰有复杂绲边的清代满人长袍；左四为汉人婚服，上身短褂，下身马面裙，从露出手腕的衣袖，以及留了刘海儿的发型判断，应是清末民初的打扮；左五为清末诰命夫人的礼服；右五为戏曲《麻姑献寿》的戏服；右二为汉族官宦人家的妇女服饰；左一、右一为民国时期的汉族女服，左一更像是戏服。

　　晚清时期，穿便服的醇亲王奕譞和福晋叶赫那拉氏合影。叶赫那拉氏内穿长袍，外套小立领对襟马褂。

趋势，还要到民国时期。

　　民国初年实施的新服制和孙中山提出的服装制作四原则，使民众的穿衣戴帽摆脱了等级制度和传统的政治伦理的干预，标志着中国古代衣冠体制的解体。

　　1912 年，民国政府颁发的《服制》条例规定：男子礼服分为"大礼服""常礼服"两款，常礼服又分为甲、乙两种。大礼服和常礼服的甲种都是西式的，乙种是中式齐领右衽的长袍和对襟短褂。不过新的西式服装并没有被大众普遍接受，直至 20 世纪 20 年代，中西合璧的中山

1916 年，12 岁的林徽因（右一）和表姐妹们身穿培华女中校服的合影。上穿窄而修长的短袄，下着不带绣纹的长裙，不戴簪钗、手镯、耳环、戒指等饰物，是民国时期一度流行的"文明学生装"。

装诞生，街头上的男子衣着还是长袍马褂、西服、中山装并存。

　　《服制》条例对女子礼服的规定很保守，仍采用传统的对襟长上衣，加打裥长裙（俗称百褶裙），并且规定上衣长度齐膝，全身加绣饰。然而，与规定的保守恰恰相反，在实际生活中，一些受西方文化影响较重的年轻女性直接穿西式长裙、女士西服等"洋装"；同时，女子传统服饰的衣长、领高、袖长、裙长以及装饰开始不断变化。除了在清末已有迹象的窄袖、收腰等，民国之初，汉族女子的上衣逐渐变短，裙长也渐缩到足踝甚至小腿，流行的裙子从清朝的百褶裙变成了自然下垂的简洁长裙。

图中20世纪20年代的男子仍是传统的长袍马褂，头戴瓜皮帽；女子梳低髻，上衫腰身减小，长度已由清代的膝盖处缩短至腰部以下，裙子也受西方影响短至小腿，不再遮住脚面。西德尼·戴维·甘博摄。

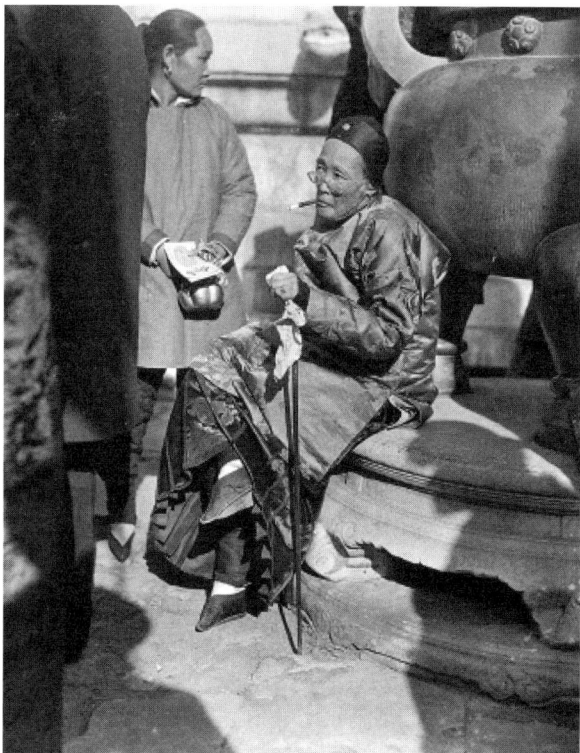

1918 年，一位老太太头戴黑绒布帽，裹过的小脚穿尖头小弓鞋，上身是长至膝盖的袄，下身是装饰有绣纹和褶裥的长裙。这是汉族女性的典型服饰。上衣袖子比较窄，这是清末开始出现的趋势。西德尼·戴维·甘博摄。

　　20 世纪的最初 10 年，女性还是以上衣下裙的形式为主。青年妇女往往下身穿黑色长裙，上身穿窄而修长的短袄。短袄的下摆被裁制成圆弧形，以至于身体两侧的下摆短得仅及腰部。这种形式令上袄显得更加短小，长裙也就显得更加修长，增强了人体上短下长的美感。有的短袄袖子短且肥大，小臂露出来，时称"倒大袖"。作家张爱玲称这种式样为"'喇叭管袖子'飘飘欲仙，露出一大截玉腕"。

　　20 世纪 20 年代，旗袍为中国城镇妇女所青睐，是流行的服装之一。这个时期，受西式服装影响，旗袍的长度缩短至小腿处，原来的直筒式变成了合身收腰式，袖子由宽大变得窄小，领子仍保留清末的高领。进入 20 世纪 30 年代，旗袍又有多次变化。矮领，更加收腰，衣长一度恢复至足面，走起路来衣边扫地，后来又缩短及膝下，袖子变成短袖甚至无袖，并且省去了烦琐的装饰。至此，经济便利、美观适体的旗袍成为民国女性的标准装，无论是大家闺秀、知识女性，还是普通家庭妇女、劳动女工，无不身着旗袍。

　　随着服饰的变革，清代螺髻之类的发式在城市中也逐渐消失。民国初年，流行刘海儿头、长辫等。20 世纪 20 年代，女性时兴剪短发，以缎带扎起，或以珠宝翠石和鲜花编成发箍。再往后，烫发流传到中国，并于 30 年代达到高潮。烫发后别上发卡，身穿修身旗袍，套上透明高筒丝袜，再蹬一双西式高跟凉鞋或皮鞋，就是那个年代最时髦的打扮。

中国最具民族特色且影响最大的服装莫过于旗袍。图中是 1941 年时髦的燕京大学女生，齐肩烫发，配西式鞋子，身穿的旗袍已与今天的很接近，修身、无袖、矮领、长度过膝。

文／贾玺增　供图／杜克大学图书馆　王志伟

丁零零，自行车入京

自行车被公认为是 1790 年法国人西夫拉克发明的。不过，最早的自行车是木制的，外形与今天的自行车相去甚远。直到 1888 年，英国人邓禄普发明了充气轮胎，才真正有了现在自行车的模样。自 20 世纪初年自行车传入北京，它就以能载物载人、小巧便捷等优点，受到市民欢迎。

清末，北京自行车数量有限，人们更多地视之为一种新鲜玩意儿，而非寻常的代步工具。当时一首竹枝词写道："臂高肩耸目无斜，大似鞠躬敬有如，噶叭一声人急避，后边来了自行车。"由此可见，当时北京人骑起自行车来，神情还是相当紧张的。

清末民初，骑自行车在北京成为一种风尚。1922 年溥仪大婚，他的堂弟溥佳就送了一辆自行车作为贺礼。为此，溥仪的老师陈宝琛非常不满意，唯恐"圣上"学骑车时摔坏了。溥仪和婉容非常喜欢骑自行车，而且

留下许多在宫中骑车的照片。《我的前半生》中溥仪写道："为了骑自行车方便，我们祖先在几百年间没有感到不方便的宫门门槛，叫人统统锯掉。"

自行车初入北京时，虽然骑车人不算多，但是政府及时颁布了相关法律法规。光绪三十四年（1908 年），清政府颁布的《违警律》第 27 条规定："乘自行车不设铃（铃铛）号（牌）者，处五日以下一日以上拘留，或五元以下一角以上之罚金。"1928 年后，北京自行车的检验、登记、核发号牌工作由市公用局管理，并规定："自行车要车件应求完备，车上应安置手铃，一车不准两人共乘，前后轮至少须装设一制动器，其制动力以能于车下坡时制止车之下行为标准，于日落后黎明前行驶，须于车前悬白光灯一盏，车后装置红色反光石一块。"

民国时期，自行车已成为北京市民非常

末代皇后婉容在紫
禁城里学骑自行车。据
说，溥仪为了骑自行
车锯掉了故宫好几处
门槛。

1905 年前后，东单北大街，骑自行车的人与行人、马车并行。这是现存较早的一张有自行车的老照片。

民国时期，推着自
行车逛隆福寺大街。

民国初年，骑自行车的邮递员。

20 世纪三四十年代，北京城里一些姑娘经常选择骑自行车上街。

20 世纪 40 年代，前门大街上用自行车推着孩子的路人。

喜爱的交通工具。据1934年出版的《北平市商会会员录》中《北平市车业同业公会会员表》记载,当时北京有汽车行75家、马车行12家、皮车行28家、自行车行32家。资料中对自行车行的商号名称、经理姓名、地址、店员人数和电话都有详细记录。

笔者祖上曾于清朝末年开设了北京最早的自行车行之一——峻记车行。峻记车行因创办者杨峻峰名字中的"峻"字而得名。杨峻峰因长于法文、英文,曾尝试购买法、英、德等国货品在京转售。清末,北京的自行车还很少,杨峻峰看到商机,认为这一行业极有发展前途,于是

20世纪40年代末,前门大街人力车、排子车、自行车并行不悖。

经营起峻记车行。当时北京大部分车行不生产自行车零件，而是从欧洲各国进口。自行车行大多采用前店后厂的方式，后院由伙计将零件组装成完整的自行车，再由前院的店铺出售。

著名的民俗学家邓云乡先生曾回忆："那时（20世纪三四十年代）北京最大的车行是西长安街六部口附近的峻记车行，路南，没有楼，三间门脸儿，里面摆的都是外国牌子的自行车，什么蓝牌、飞利浦、三枪、凤头等等，这些外国自行车的价格都很贵，一般穷学生是买不起的。"

当时的北京人，不仅把自行车当作交通工具，也作为一种玩意儿。很多人让车行伙计用不同零件给自己"攒车"。这种订制版自行车与众不同，骑起来非常拉风。旧京自行车行，都会制作印有车行名称的车标，大小、长短、形状不一，多为弧形，长条形的安在自行车的斜梁上，短小的安在前叉上，宽短的安在后挡泥板上。自行车本身有自己外国的品牌，售卖前再安上带有车行名称的铜车标，方便消费者日后追寻，也起到做广告的作用。

近年来，随着共享单车的出现，自行车又一次成为北京市民出行的优选。"丁零零"的车铃声，承载着百年来人们对自行车的记忆和喜爱。

峻记自行车行的徽章。

文 / 张屹然　供图 / 闻者　张屹然　王志伟

　时代之变·丁零零，自行车入京

中国最早的铁路工人

中国人对詹天佑可谓耳熟能详，大多数人会自然地把他和京张铁路联系在一起。然而，詹天佑认为自己最大的成就是为中国培养造就了第一代"有文化、掌握西方先进科学技术、恪守纪律与职责的世界一流铁路工人和管理人才队伍"。这支队伍的建成，标志着"可以和世界先进工业强国比肩的中国大产业工人群体的诞生"。优秀产业工人队伍的诞生与存在，为1921年"中国工人阶级的先锋队"——中国共产党的诞生奏响了序曲。

1909年10月2日，京张铁路在南口火车站举行通车典礼，詹天佑以清廷二品大员、"京张铁路总办兼总工程师"的身份做了简短有力的演说。他在演说中特别强调："非有体力魄力、心灵手敏之人，莫克竣工"，对中国铁路工人的创造力与优秀品质大加赞美。

铁路绝不是一两个或几个优秀人才就能玩得转的。它是一个庞大的系统工程，除了优秀工程师的设计，还必须有一批能胜任各项技术含量较高工作的优秀工人和管理人员精诚合作。要建造世界一流的铁路体系，必须培养造就世界一流的铁路工人队伍和管理人才队伍。在詹天佑生活的时代，要一边修筑京张铁路，一边培养人才，难度可想而知。然而，詹天佑做到了。同时，他还为后人留下了一批珍贵的影像资料，通过这些照片，我们得以看到100多年前中国第一代产业工人的风采。

　　本片不仅展示了当时最先进的播德威机车和"詹内车钩"，更突出了驾驶该机车的铁路工人和管理人员。机车司机脚上穿的那双官靴，当时按规定只有朝廷官员才可以穿。司机与司炉胸前悬挂怀表的银链说明，1909年火车司机、司炉地位很高。

　　八达岭隧道北口41号桥头，中国第一代巡道工和中国第一代铁路纪实摄影师谭锦堂。

时代之变·中国最早的铁路工人

　　京张铁路修建和通车时，使用的铁轨、水泥、钢筋、枕木、建材，以及火车机车、车厢等材料、器材都是当时世界最先进的产品。京张铁路通车举办"观成典礼"时，很多外国使节和新闻记者大为惊叹！因为此前他们在欧洲、美洲没见过哪条铁路上全部配有世界顶级配置，并全部使用"詹内车钩"。本片拍摄的是专供车站站内调度、编组专用的机车，是当时世界最新、性能最佳的"欧节机车"。拍摄此片时，詹天佑要求摄影师谭锦堂突出第一代铁路工人和管理人员的风采。他说："没有这些优秀的铁路工人、技术人员、管理人员，京张铁路就不可能建成。"

　　门头沟车站和京门铁路永定河以西路段，位于西山脚下，地处京西古商道，是盗贼出没的地区。京门铁路修筑前，走这条路的商贾们全靠镖局保护人身和财货安全。京门铁路通车，一下砸了盗匪的饭碗。因此，在铁路修筑中，盗器材、扒路轨、毁桥涵、绑票技术人员的事件不断出现。为此，詹天佑效法美国修筑横贯全美大铁路时的做法组建卫队，以美国"铁路卫队"为样板，全部装备当时世界最好的武器——后装栓动步枪，脚下一律穿软牛皮皮靴。本片是今天能看到的唯一一幅中国近代最早的铁路卫士的照片。

检验首段线路的专用列车停于阜成门乘降所，京张铁路工程人员与沿线工人合影，可见每个工人均拿着纸笔，前排右起第三人为詹天佑。

民國十七年四月十日
京綏鐵路康莊火車房全人攝影

马莱4型蒸汽机车为1921年由美国进口的大马力机车，专门用于京张铁路关沟段，它是迄今为止中国功率最大的蒸汽机车，共有7台。20世纪60年代，这种机车逐渐被淘汰，被调给各铁路单位当作供暖、串气锅炉。20世纪80年代，最后一台马莱4型机车被解体。

　　1909 年 7 月 4 日京张铁路铺轨至张家口，9 月 19 日清邮传部组织高级技术官员验收全线至张家口，9 月 24 日京张铁路全线开行列车，标志着京张铁路建成通车。验道专车从南口车站出发，詹天佑亲自安排在验道专列官员们乘坐的头等车厢后，加挂两节浅箱货车，让铁路工人乘坐，参加验收，以便工人们借此机会学习如何验收铁路。专列出发前，詹天佑组织拍摄了这幅照片。他不仅亲自确定机位，还亲自取景、对焦。这幅照片没有以官员们乘坐的头等车厢为背景，而是把焦点放在工人们身上。结果照片中包括詹天佑本人在内的邮传部高级技术官员们的影像是虚的，而工人们是实的。现在大家看到的这张照片就是当年亲手修建京张铁路的工人代表，他们每人手中都拿着笔和纸。

文 / 时玉珍　供图 / 孙宇静

南苑机场：中国最早的飞机场

2019 年，随着北京大兴国际机场的通航，南苑机场正式结束了民航运营。南苑机场始建于清宣统二年（1910 年）八月，距今已经有 100 多年历史，是中国最早的飞机场。

清政府在甲午战争后开始大量向日本派出官费留学生，其中刘佐成和李宝焌二人在日本学习了飞行的相关知识，并在业余时间研究自制飞机。由于在日本找寻飞行场地不便，1910 年时任大清国驻日公使的胡惟德出资将二人送回中国，清政府为此在南苑的毅军操场修建了机棚和跑道，并从法国购买了一架"山麻"式双翼飞机以支持自造飞机。南苑曾是清代的皇家猎场，但在庚子事变后逐渐衰败，成为新军的校场。

1912 年，曾留学法国、比利时学习陆军及机械 7 年，回国后任陆军部参事的秦国镛，通过法国驻北京公使馆武官、总统府顾问白里索向临时大总统袁世凯建议购置飞机，开办航空学校，训练飞行员，以期日后建立空军。袁世凯接受建议，向法国订购了 12 架高德隆 G3（Caudron G3）型飞机，另聘 4 名法国教练，在北京南苑设立航空学校，北洋政府拨款 6 万银圆对南苑的机场和附属设施进行了扩建。从此中国有了自己的培养航空人才的基地，南苑机场进入第一个使用高潮。

1928 年张学良宣布"东北易帜"，国民政府以南京为首都，空军相应南迁，1931 年在杭州笕桥成立军政部航空学校，南苑机场的使用随之进入低潮。1937 年七七事变后，日军占领了南苑机场，经过扩建，修筑了地堡，成立南苑兵营。尽管南苑机场进入了第二个使用高潮，但沦为日军侵袭中国华北的空军基地。

1945 年日本投降后，美国海军陆战队以协助国民政府接收日占领土为由进驻北平，其中一支装备有轻型侦察机的飞行中队即以

1913年，法国飞行教练（前排右边三位）和机械师（前排左边两位）与一架高德隆G3型飞机在南苑机场合影。

1916年10月10日，为庆祝中华民国成立五周年，新上任的大总统黎元洪在南苑举行了盛大的阅兵式。

南苑机场为基地。

1948 年 12 月 17 日，南苑机场被解放。次年，中华人民共和国的第一支空军飞行中队即在南苑机场进行训练，在开国大典上这支机队就是从南苑机场起飞经过天安门上空接受检阅的。从此南苑机场完全归属空军管理。

在 1958 年开始修建首都国际机场之前，因为南苑机场的跑道较 1938 年侵华日军修建的西郊机场要长，适合起降大型飞机，因此这座机场也见证了共和国早期的一些外交活动。值得一提的是，在 1971 年中美建交前，美国国务卿基辛格秘密访华，他乘坐的飞机就降落在南苑机场。1986 年，南苑机场转为军民两用，主要供中国联航使用。虽然联航的班机相对老旧，但低廉的价格仍然吸引着众多乘客，甚至在春节前后也常常一票难求，南苑机场

上图：20 世纪 20 年代，从南苑机场起飞的一架高德隆 G3 型飞机上，俯瞰紫禁城。

下图：一架高德隆 G3 型双翼飞机正从故宫方向飞往南苑机场。本片摄于 20 世纪 20 年代。

1945年，南苑机场停满美国海军陆战队的飞机。

1958年，"首都一号"在南苑机场试飞。此时，南苑机场已经是水泥跑道了。王一波摄，选自京报集团图文数据库。

也随之进入一个新的使用高潮。

如今，规模远超首都国际机场的北京大兴国际机场已经成为京津冀协同发展的新引擎，南苑机场作为民用机场的使命也已终结。这座建成运营超过100年，见证了中国航空发展史和众多历史事件的机场必将成为北京记忆中无法忽略的一个亮点。

文／供图　徐家宁（署名照片除外）

北京二中三百岁

2024年3月30日，北京市第二中学举办了建校300周年大会。

北京二中竟然有这么长的历史？这300周年是从哪儿开始算的呢？

北京二中的前身为左翼宗学，始建于清雍正二年（1724年）。《清实录》记载："雍正二年……命左右两翼各立宗学一所……宗室子弟愿入学者，分别教习清汉书，读书之暇演习骑射……以隆教育。"

宗学中除了教授满汉文读写，还教授骑射技艺。宗学每月都有考试，成绩优秀者，会被上报给皇帝。

清末教育改革，1905年位于史家胡同的左翼宗学改为左翼第五初等小学堂。5年后，八旗学务处占用左翼第五初等小学堂的校址，创办左翼八旗中学堂，学制4年。这就是北京二中的前身。

据记载，左翼八旗中学堂期间，学生着长袍马褂，留大辫子。体育课上，体育教师向贵族少爷发口令时，还要称呼："各位大人——稍息！各位大人——立正！"

辛亥革命后，左翼八旗中学堂改为京师公立第二中学校，招生不受阶级、种族限制，废除八旗特权，成为满、汉、蒙、藏、回五族皆可入学的公立学校。据首届经过考试入学的齐长庆回忆，1912年的入学考试只考了数学和国文。学校的课程有国文、英文、数学、物理、化学、博物、中外史地、音乐、图画、手工、体操等。

北京二中的校址经过几次变迁。据《京师坊巷志稿》记载："左翼宗学在灯市口"，也就是说，最初校址在东四南大街的街面上。1905年至1936年学校搬到史家胡同，那时期的老建筑现在已经没有了，我们只能从老照片中领略一二。

1936年11月，二中迁入内务部街15号现址，即原段祺瑞民国北京政府内务部公署，并在这里度过了 80 多个春秋。现在，二中的校门是按照原内务部公署大门复建的。校园内，原来的公署建筑已无存，取而代之的是现代化的教学楼和操场。

在这里一代代学子留下了美好的青春记忆。据 1932 年入学的张文昇回忆，同学们都很纯朴，师生亲密无间，甚至不时和老师们善意地开个玩笑，没有任何不敬之意。陈树森校长双目稍洼，同学们给他起个外号"大马猴"。他知道以后，还乐着和同学们说："我怎么长得像大马猴呢？"

1918年，京师公立第二中学校第六级毕业生与教师合影，这是现存最早的一张二中师生合影。

1936年11月，二中搬迁到新校址时的主楼。

1937年，二中校门，当时名为"北平市市立第二中学校"。

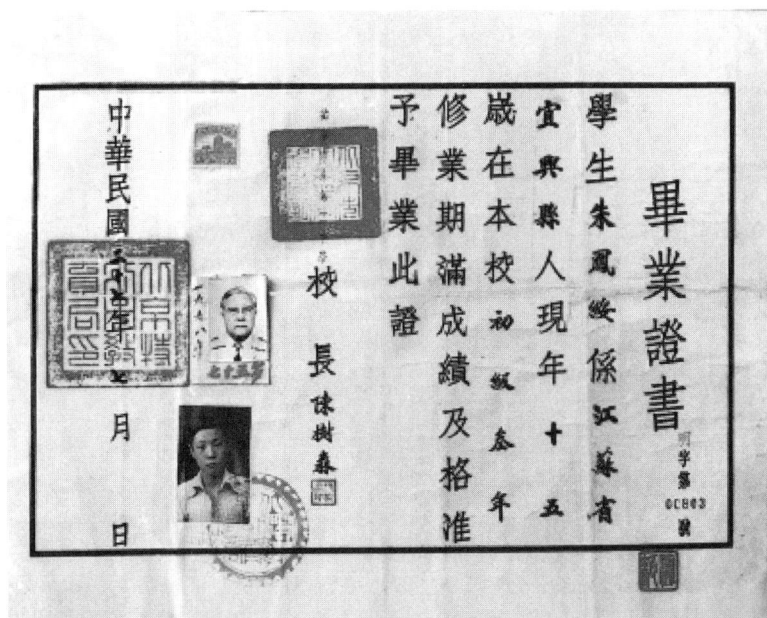

畢業證書

學生朱鳳綬係江蘇省宜興縣人現年十五歲在本校初級叁年修業期滿成績及格准予畢業此證

校長 陳樹森

中華民國　　年　　月　　日

1938 年，二中校长陈树森为初级第二十八级学生朱凤绥颁发的毕业证书。1998 年，时年 75 岁的朱凤绥将这张毕业证捐给了母校。毕业证上朱凤绥少年和晚年两张照片相映成趣，让人不胜感慨。

1946年，二中"地中海"篮球队队员在学校操场合影。

民国时的二中学生佟桂增回忆："数学老师周筱泉上课往黑板上画两组大小圆圈，出现猫头和老鼠形状，代替 a、b 符号。同时念叨：'猫加耗子方，等于猫方加二猫耗子，再加耗子方。'把代数公式念成顺口溜，寄幽默形象于代数中，别有风趣。"校友任芷平回忆，周老师讲两点之间线段最短时说："这个定理也叫狗吃包子定理，你喂狗一个包子，狗会从原地沿直线跑向包子，绝不会绕弧形或三角形跑。几句话，我们就牢牢地记住了这个定理。"

著名表演艺术家雷恪生 1950 年考入二中。当时二中的课外戏剧活动小有名气，著名电影演员李亚林任剧团团长。雷恪生到剧团报名，李亚林听到他说一口山东话时，说："不行！刷了！"不久抗美援朝开始，班里戏剧组排演街头剧《走投无路》，雷恪生饰演韩国总统李承晚，碰巧李亚林看到他的表演，立即说："这小子坏蛋演得不错！"第二天学校戏剧团就通知收他了。

1949 年 1 月，北平和平解放。4 月 1 日，党和政府接管北京二中，二中迎来了新生。

1949 年 4 月，人民政府接收二中。图为师生迎接二中新生。

1949 年夏，全体团员在学校礼堂召开团支部大会。

文 / 张屹然　供图 / 彭则渠　京报集团图文数据库

潞园含芬

"大哉通郡，教育日新。唯我潞河，咁华含芬。睹外观之雄伟兮，谁曾媲美？叹内容之严整兮，莫与比伦⋯⋯"1928年，一位名为岳璞的学生以斐然的文采赞扬自己就读的学校，这所学校就是位于大运河之畔的北京市潞河中学。

论办学历史，潞河中学建校已157年。它的前身是1867年由美国基督教公理会创建的潞河男塾，当时学校设施简陋，学生不足10人。1869年，谢卫楼（Devello Z.Sheffield）接管潞河男塾，学校随即快速成长。至1889年已发展为包括小学、中学、大学等在内的学府，校址迁至新城南门外，校名亦改为潞河书院。

后来，潞河书院先后更名为协和书院、华北协和大学，设大学、中斋（中学）两部。1918年，其大学部迁到北京城内，与汇文大学等合并成立燕京大学；中斋部则留在通州

原址，是为私立潞河中学。

此时，潞河中学仍是一所教会学校。1928年，陈昌祐先生出任潞河中学首任华人校长。陈昌祐本人曾在潞园就读，1915年毕业于当时的华北协和大学并留校，因才能出众，4年后成为潞河中学的副校长。

1928年上任伊始，陈昌祐就把办学目标锁定成为国家富强、民族振兴服务，倡导"人格教育"，推行德、智、体"三育齐备"。他果断地取消了宗教必修课，增设了音、美、劳等课程，还组织学生参观工厂、医院，到泰山、曲阜孔庙等地游览，开拓视野。

陈昌祐本人是体育健将。1914年，在天坛举办的第二届全国运动会上，陈昌祐获得十项全能第二，铅球、铁饼第三。1913年至1917年，他还多次代表国家参加远东运动会。担任校长后，陈昌祐对学校的体育发展更加重视。据资料记载，潞河中学的体育课外运

动包括足球、篮球、网球、排球、棒球、垒球、田径、游泳、国术等，可谓丰富多彩。校内一年四季赛事不断，周边一些路人甚至曾把潞河中学误当作一所体育学校。

19世纪末的潞河书院。

协和书院时期疏挖的协和湖，湖名沿用至今。

时代之变·潞园含芬

卫氏楼，建于1902年。这是学校现存最古老的建筑，现为特级教师工作室。

图为
修建中的
文氏楼。

人们熟知的"西部歌王"王洛宾，在潞河中学就读期间对游泳和滑冰兴趣浓厚。每到冬季，他都在校内协和湖练习滑冰，还经常跑到什刹海、北海向高手请教。20世纪40年代他在青海工作，把滑冰带到了高原，成为青海地区滑冰运动的开拓者之一，这是他鲜为人知的成绩。

王洛宾从潞河中学毕业的1931年，另一位年轻人走进了这座美丽的园子，他就是中国历史地理学家侯仁之。侯仁之对潞河中学重视体育锻炼印象深刻，他曾颇为自豪地说："我在那里跑步比赛也得过第一。"

这一年，日本人在东北制造了九一八事变，青年学生奋起抗日，挽救祖国危亡。浪潮也席卷了潞河中学，侯仁之回忆："我也毫无例外地和同学们一起组织起来，上街下乡宣传抗日。"

七七事变爆发后，潞河中学师生饱经离乱之苦。初期，由于特殊的办学背景，日军尚不敢径直入校。1941年12月10日，日军突然进驻，强行接管学校。全体师生被赶出校园，流落四方。

陈昌祐校长毅然决定在西安复校，经过千辛万苦的努力，终于在1943年9月开学。西安办学3年，大批学生走上抗日前线。

中华人民共和国成立后，人民政府将潞河中学改组为公立中学，至今潞河中学已走过了157个春秋。

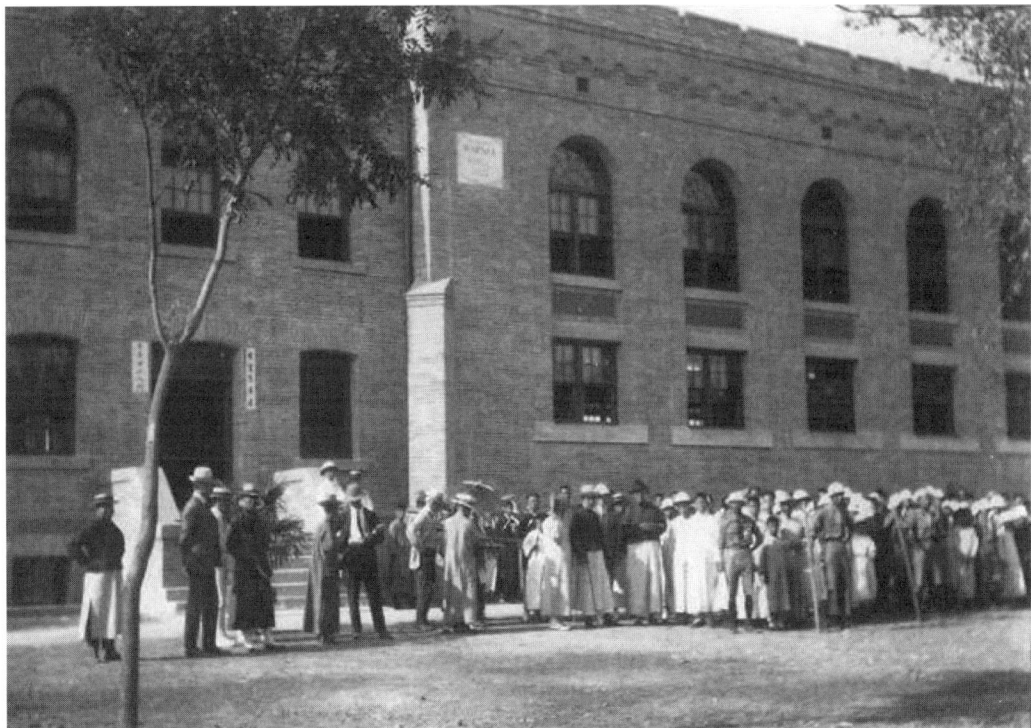

1922年，文氏楼落成。文氏楼内为礼堂，是学校举行文艺活动和会议的场所。

民国时期，在湖边晨练的潞河中学学生。

民国时期的潞河中学运动队。

20 世纪 30 年代中期潞河中学的学生。

20 世纪 30 年代，潞河中学的学生在考试。

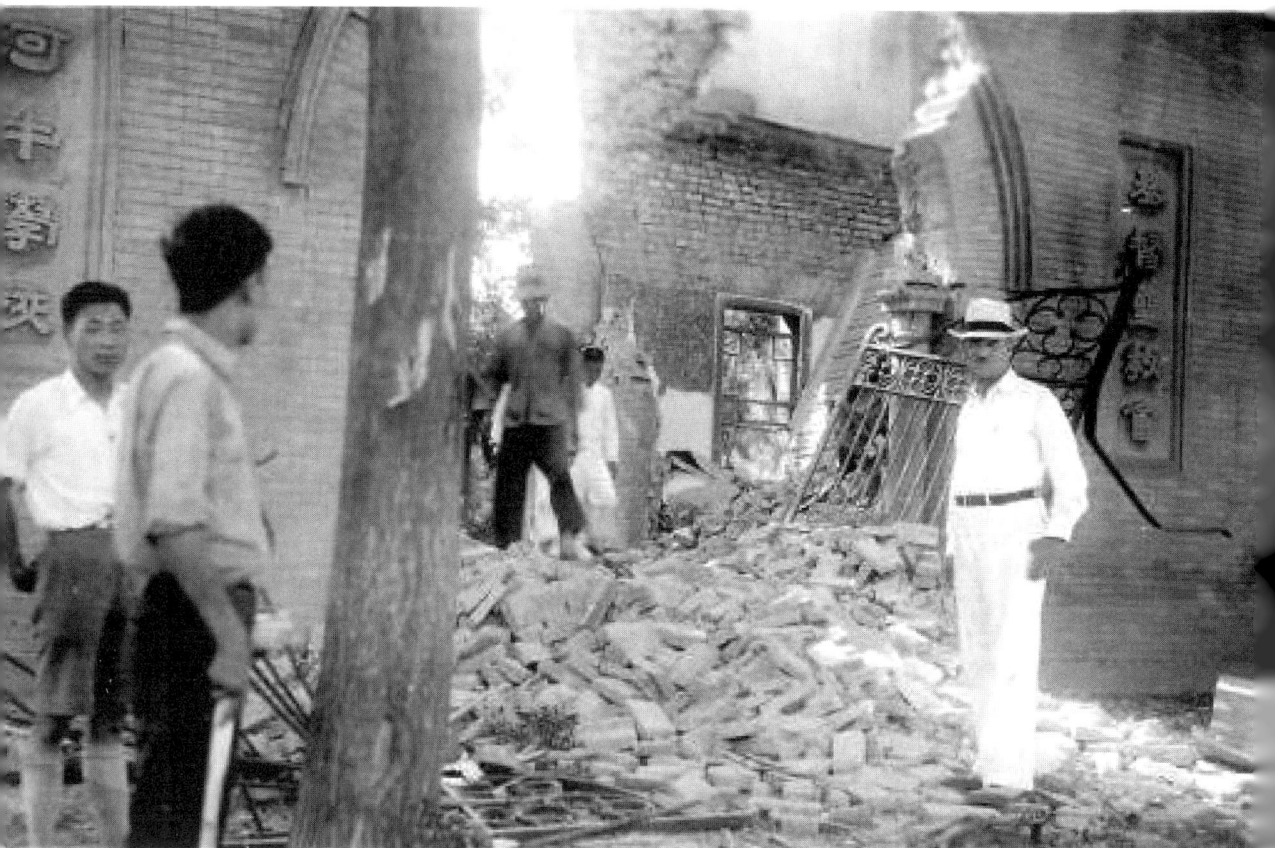

被日军炮火击毁的潞河中学校门。

文／张永炳　供图／张永炳　潞河中学

百年"船楼"

在虎坊桥路口西北角，有一座别致的小白楼，自东遥望，形似一艘在海浪中航行的轮船，老北京人称之为"船楼"。"船楼"上挂着"中国书店"的鎏金大字，走近了瞧，还刻有"1920""商务印书馆分设"的字样，无声地诉说着它的百年往事。

"船楼"是京华印书局的旧址。它的前身是康有为、梁启超经营的强学书局。1895年"公车上书"失败后，康有为等维新志士为了开通风气、宣传西学，联络一部分开明官员，在北京、上海等地创办报刊，组织强学会、强学书局。北京的强学书局刚办不久，就遭到清政府封禁，后来又由清政府改为官书局，原址设在虎坊桥乐平会馆及其后身一带。官书局规模不大，但官气十足，业务一直不景气。1905年，上海的商务印书馆出资买断官书局，作为在北方的印书工厂，并改名京华印书局。

为什么不叫商务印书馆北京厂？据京华印书局的前经理宣节回忆，当时，商务印书馆不但把官书局的机器、设备全买下来，还将其对外承接的印刷业务、出版而未售出的木版印刷书籍及木版全部接下来。"这样一来，对外的名称，既不能沿用'官书局'，也不好用'商务'的名义，于是双方协议，便起了'京华印书局'这个名字。"

京华印书局淘汰了木版印刷，采用当时先进的铅印和石印，主要承印书刊、字帖、账册等印刷品。由于印刷精良，业务逐渐兴旺。京华印书局于是购买了和平门内北新华街西侧的吕祖阁作为北厂，原来的厂房为南厂。

辛亥革命后，宣传新文化的书刊、报纸日渐增多，京华印书局的业务水涨船高，原来的两个厂房不再敷用。1918年，京华印书局在距乐平会馆不远处，投资10万元、历

民国时期的京华印书局外景。

如今的"船楼"。《北京日报》记者张小英摄于 2023 年。

时 2 年，新建了一座钢筋水泥大楼。这座大楼就是如今的"船楼"。

"船楼"平面呈三角形，地上四层，造型别具一格。很多人以为，它是外国人设计的，其实不然。它是由中国近代第一批留英海归傅佰锐主持设计的。傅佰锐是满人，曾在剑桥、牛津大学学习英国语言文学及建筑，1903 年毕业回国后进入清朝工部工作。在北京，他先后设计了北京动物园、北京大学工学院（20 世纪 60 年代末被拆除）等欧式风格的建筑。傅佰锐设计的"船楼"，融合了西方古典主义和现代建筑的风格，连续券门和券窗，铸铁花式栏杆，德国进口大钟，造型简约而典雅，是当时北京非常前卫的新式建筑。楼内不仅有康有为和梁启超曾用过的办公桌，还有一部载货电梯，是当时北京唯一一部木制导轨电梯。

上图：编辑室的工作人员正在编辑稿件。

下图：京华印书局部分职员在楼道内合影。

由于当时中国只能生产少量水泥，且根本生产不了钢筋，京华印书局就把建筑施工交给德国人负责。据说，德国人当时保证这座建筑的寿命可达60年。1980年，德国有关方面来函通知"船楼"寿命已到，但其至今仍屹立不倒，整体结构完好。

"船楼"建好后，京华印书局承接了更多业务。例如，给清华、北大等学术研究机构印书刊，给协和医院、戊通航务公司等印英俄文报告及表册，还给故宫博物院仿印文物书画集、月刊等，事业蒸蒸日上，逐渐成为北京印刷行业的巨头。很多文化名流的书籍都在这里印刷，鲁迅的《呐喊》《彷徨》就付梓于此。"南有商务，北有京华"的说法，一时广为流传。

抗日战争时期，京华印书局受到日寇摧残，一度难以为继，直到中华人民共和国成立后，逐渐恢复元气。1954年全国公私合营改造，京华印书局改为高等教育出版社的印刷厂，隶属于国家新闻出版总署，保留原名。"文化大革命"后，京华印书局与商务印书馆排版厂、中华书局排版厂合并，更名为北京第二新华印刷厂。至此，曾经负有盛名的京华印书局，结束了它的历史使命。"船楼"后来划归中国书店管理。2003年，京华印书局"船楼"被确定为第七批市级文物保护单位，2021年又被确定为北京市第一批不可移动革命文物。

京华印书局的对外营业厅。

排版车间，排字工正在排字。

　　据悉，"船楼"历时近两年的修缮工程已经完工。据北京房修一建筑工程有限公司项目负责人介绍，这次本着"修旧如旧"原则，对"船楼"的水泥墙面、内部地板等都进行了修缮。楼内的木制导轨电梯，特意请专业团队进行了精心修复，目前依旧可以运行。不久，这座百年老楼将成为展示中国近代印刷史及新文化运动史的文化空间。

京华印书局
的印刷机械。

印刷车间的
工人们正在忙碌
地工作。

文／张小英　供图／赵庆伟　刘鹏

国图创建记

2024年9月9日，中国国家图书馆迎来建馆115周年华诞，它的前身是创建于1909年的京师图书馆。

时值晚清，受到西方文明的启发，郑观应、李端棻、梁启超等有识之士都曾呼吁建立图书馆，以开启民智。1906年，清朝学部参事、学者罗振玉在《京师创设图书馆私议》一文中，提出了"先规划京师图书馆，而推之各省会"的具体建议。

1909年9月9日，分管学部的洋务派军机大臣张之洞抱病上奏，请求建立京师图书馆。张之洞的上奏当天即得到批准，京师图书馆终于从法律和行政上宣告诞生。

不过，首任馆长缪荃孙主持筹办的京师图书馆还没来得及正式对外开放，清政府就覆亡了。进入民国，京师图书馆由北京政府教育部接管继续筹备。1912年8月27日，寄寓在什刹海北岸广化寺的京师图书馆在第二任馆长江瀚的努力下终于开馆接待读者，"无论士农工商界暨女学界，皆得入览"。为了便于普通读者阅览，鲁迅等人还在宣武门外前青厂筹建了分馆，分馆藏书特意选择有别于学术文献而适合一般读者阅读的图书。

京师图书馆的开放，是中国传统藏书楼向近代图书馆转变的标志。可惜，由于"地址太偏，往来非便，且房屋过少，布置不敷，兼之潮湿甚重，于藏书尤不相宜"，开馆后读者寥寥。1913年10月，教育部下令闭馆，另觅适宜馆址。

寻找新址的任务落在时任教育部佥事的鲁迅先生的肩上。1915年6月，位于安定门方家胡同的国子监南学旧址才被确定为新馆址。经过近两年的筹备，1917年1月，在曾任教育部部长的蔡元培和鲁迅等教育部官员以及知名学者的共同见证下，京师图书馆在

京师图书馆广化寺馆址。

国子监南学旧址重行开馆，此时藏书达到 13.6 万册。

国子监南学馆舍较广化寺宽敞得多，房屋也不那么潮湿，但四周紧邻大片民居，火灾隐患较大。1928 年，京师图书馆再次迁馆，搬到了中海居仁堂。居仁堂是一栋两层西式楼房，原是慈禧接待外宾之处，民国初袁世凯在此办公。随着国民政府南迁，居仁堂就空置了，京师图书馆在此开馆时，已更名为国立北平图书馆。

值得一提的是，当时在北海公园庆霄楼内有一所北平北海图书馆。1929 年，北海图书馆与国立北平图书馆合并。这次合并为国立北平图书馆的发展带来了新的契机。原来，北海图书馆是中华教育文化基金董事会于 1926 年出资创办的，原名"北京图书馆"。这个基金会是负责保管和处置美国第二次退还庚子赔款的机构。

正是在中华教育文化基金董事会的支持——实际上也是中国人自己资金的支持下，1931 年，国立北平图书馆新馆在北海公园西侧落成。因馆中所藏以文津阁《四库全书》最为著名，馆前道路被命名为文津街，一直沿用至今。6 月 25 日，图书馆举行开馆典礼，蔡元培馆长主持，袁同礼副馆长致答词。

自 1909 年创立以来，这个国家级的图书馆终于第一次有了专属馆舍。新馆占地 88 亩，馆舍外观采用传统宫殿样式，屋顶覆盖碧琉璃瓦，馆内有从英国定制的书架，还有垂直书梯、饮水器、木地板等现代化设施，可谓当时国内规模最大、最先进的图书馆。

无奈国运多舛，随着日本入侵步步紧逼，北平局势日益紧张，图书馆不得不将一批批珍贵的善本特藏先后转移到天津、上海、南京等地，其中部分善本甚至辗转寄存在美国，后由美方移交给台北故宫博物院暂存，至今未能回馆。七七事变后，图书馆部分馆务一路南迁，在昆明与西南联大合办图书馆，并在上海、重庆、香港等地设立了办事处。

直到 1949 年北平解放，国立北平图书馆才重获新生。中华人民共和国成立后，更名为北京图书馆。随着图书馆藏书越来越多，文津街馆舍再次遇到了藏书空间不足、业务空间紧张的问题。1987 年，今天人们熟知的位于白石桥的馆区落成使用。1998 年 12 月，北京图书馆更名为中国国家图书馆。

如今，国家图书馆建筑面积达 28 万平方米，居世界国家图书馆第三位，文献收藏位居第五位，数字图书馆更是处于国际前列。

中海居仁堂馆址。

1929 年 5 月 11 日，文津街馆舍奠基典礼。

1931 年文津街馆舍建成，国立北平图书馆成为当时国内设施最先进的图书馆。图为文津街馆舍落成典礼。

图书馆《四库全书》书库。

国立北平图书馆阅览室。

1946年,图书馆西文编目组员工在整理图书。

国立北平图书馆庆霄楼馆址。

文 / 杨丽娟　供图 / 国家图书馆

华文学校：从中文培训名校到中国学研究中心

1932 年 2 月，25 岁的费正清第一次踏上中国的土地，为自己的博士论文寻找素材。在北京的最初几年，除了西总布胡同 21 号的家，他还经常出现在一个地方——坐落于朝阳门内的华文学校，那里是他修读汉语、生活交游的所在。

晚年时，费正清在回忆录中描述这所"中文预科学校"："华文学校的棕色楼群，就好像是用直升机突然从加利福尼亚运到北京似的。像其他坐落在这古老的京都散发着现代气息的学校、旅馆和医院一样，这座三层大楼，高高地屹立在一群灰色的平房之中。"

不仅是费正清，在 20 世纪 20 至 30 年代的北京，华文学校发挥着一个交流枢纽的作用。出色的中文教育，吸引了大量来华的外交官、传教士、军人、学者在此学习。这样的作用在美国汉学界尤为明显，美国第一代学院中国问题研究者，但凡来过中国的，大多在此接受中文培训或从事研究工作，除费正清外，亦不乏史迪威、韦慕庭、恒安石这般人物。

如今，这座建造于一片灰瓦之上、风格迥异的美式校园，已然遮蔽在重重楼宇之中，而这里的故事，则要从 1910 年说起。

1910 年，英国伦敦会倡议，在北京开办一所供来华传教士进行汉语培训的专门学校。1913 年，该校正式成立，是为"华北协和语言学校"。彼时的校址并不在朝阳门内，而是在灯市口大街路南 85 号。著名儿童教育家孙敬修曾在此有过短暂的教学经历，在他的回忆录中，对灯市口时期的小院及课堂情境有过生动的记录。

1916 年夏，受学校董事会的邀请，北京青年会干事裴德士执掌校务，专职负责该校的教务工作。在裴德士的经营下，华北协和语言学校的师资力量与办学规模逐步扩大，原先租用的院舍已经无法支撑学校的正常运转。裴德士等人多方筹措，由洛克菲勒基金会等组织出资 30 万美元，在朝阳门内孚王府（"九爷府"）以西选定地址，于 1925 年兴建起一座美式校园。

新校址的门牌是东四头条五号，面积有 26 亩，包括校舍、教员别墅在内的 15 栋钢筋水泥建筑，硬件设施在当时堪称一流。费正清言："我们可以睡弹簧床，宿舍里有淋浴，桌上有中、西餐，这大大减少了我们可能遇到的东方文化的冲击。"在 1925 年 3 月出版的华文学校校刊中写道："现代化的学院展现了一派新的气息。校舍是砖瓦结构的现代建筑，具有先进的防火设施，中央供暖……三层高的教学主楼，两翼是与厨房相连的宿舍，三栋别墅是该校外籍教师的住所。主楼里有演讲报告厅、自习室、教室、图书馆和办公室。"

新校舍建成，学校的性质也发生了变化。同年夏天，华北协和语言学校与燕京大学达成合作，更名为"燕京华文学校"，作为燕大下属的独立学院而存在，办学重心也从单纯的汉语教育向中国学研究中心转变。

华文学校的主楼是整个校园中最具标志性的建筑。平面上，建筑中间向北凸出的部分为礼堂，两侧设有图书馆和诸多教室，学校最主要的教学活动即在此处开展。

掩映在树丛中的华文学校主楼今貌。

　　依托燕大深厚的学者资源，延请中外各界名士进行演讲，是这一阶段华文学校办学的特色。讲者的身份也十分多元，政界人士中，有冯玉祥、王正廷等。自 1926 年起由中国学者在此进行的中国文化系列演讲，其讲者堪称一时之选。当时的著名学者如梁启超、王国维、胡适、顾颉刚、赵元任、吴稚晖、李济、张君劢、吴宓、黄侃、林语堂、徐志摩、梁实秋等，都曾在此登坛。

　　外国演讲者中，著名记者斯诺的出现值得注意。在 1937 年的一次演讲中，他向国外学生描述了在陕北苏区的见闻，打破了官方的新闻封锁，国外学生对此兴趣尤浓。

　　而后来获诺贝尔文学奖的赛珍珠关于中国小说的演讲、清华外文系美籍教授翟孟生有关中国民俗学的讲座、中国作家老舍用英文演讲的《唐代的爱情小说》，则堪称 20 世纪 30 年代华文学校最有学术价值的讲座。

　　"珍珠港事件"爆发后，日军占领了学校，校园内的主楼沦为"中央日本语学院"，宿舍及别墅则被冈村宁次司令部军官占用。1945 年日本投降后，因战争对校园环境及藏书的影响不大，学校继续办学，直至 1948 年大部分师生离京返美，学校才最终结束教学。

　　目前所见关于华文学校的照片并不算丰富。本书所选的这组照片，推测拍摄于 1925 年 3 月之前。这组照片所涵盖的范围极其丰富，基本可以让我们领略华文学校校园初创时的状态，走进今天的华文学校旧址，依旧可以感受到昔日的氛围。

礼堂的二层视角，两侧的房间可作为办公室和包厢使用。

礼堂内景今貌。

Searles Hummel Hayes Pettus March Ingram Fung Porter
Simons Collins Young Kuo Popoff

这张主楼门前的合影中，后排的恒慕义（左二）、裴德士（左四）、马尔智（右四）、盈亨利（右三）、博晨光（右一）均为华文学校搬迁新址后的核心成员。年轻的冯友兰（后排右二）曾在华文学校开设每周一次的中国文化课程，讲授《庄子》。

《中国人的气质》一书的作者明恩溥（中）也曾出现在华文学校。图为他与校长裴德士（右）
和校董盈亨利（左）在校园别墅走廊内的合影。

华文学校演讲室。埃德加·斯诺、赛珍珠、老舍、梁启超、王国维、胡适、赵元任、冯玉祥等各界人士都曾在此演讲。

学生宿舍内景。

华文学校图书馆内景。截至 1933 年 5 月，图书馆藏书量已达 24933 册。

这三栋别墅为经典的美式乡村别墅风格，与简洁的教学区域形成鲜明对比。别墅的住户主要是外籍教师。

文 / 供图　高一丁

从八旗官学到现代小学

——百年前一个中国教育现代化转型的小样本

近代,中国的落后与教育落后密不可分。人类社会已经走入电气化时代,中国的学生们却还在书斋里捧着几千年前的圣贤书死记硬背。科举,这个曾经为平民子弟打开上升通道的制度,到了清末,已成为禁锢全体中国人的精神枷锁。朝野上下要求清政府废除科举、进行教育改革的呼声一浪高过一浪。为了适应时局,清政府重新制定了学制。此时成立的右翼八旗第七初等小学堂成为北京最早一批现代小学之一。同时,它也成为中国教育现代化转型的一个生动样本。

1904 年,清政府颁布了由管学大臣张百熙、荣庆与张之洞拟定的《奏定学堂章程》。《奏定学堂章程》是中国近代第一个全国性教育法令。它对全国学校的课程设置、教育行政及学校管理,都做了明确规定。

1906 年,清政府为普通八旗子弟设立的学校——八旗官学,被统一改为新式学堂。

右翼八旗第七初等小学堂在宣武门内创办起来。刚建校时,学校只有两个班。两年后,又扩充了一个班。由于校舍狭小,不堪用,右翼八旗第七初等小学堂迁到了新街口大三条胡同。

当时,京师督学局为全市小学堂制定了统一的课程表。周一至周六上课,周日休息。每天五课时,每课时 50 分钟,课间休息 10 分钟。每天除五节正课外,还有一个小时的"温习"。课程也从原来死背《三字经》《百家姓》等改为修身、读经讲经、中国文学、算术、体操等。

1912 年,清王朝灭亡,"八旗官学"之类的称呼也自然不复存在。这一年,右翼八旗第七初等小学堂更名为京师公立第二十三国民学校。民国建立后,学校不但名字改了,课程和学生面貌也有了翻天覆地的变化。从当时留下的一组照片可以看到,当时的校园

音樂會攝影

1916年的京师公立第二十三国民学校，学生们正在校园中举行音乐会。

生活非常丰富多彩。学校建在传统的四合院中，校内植物葱茏、枝繁叶茂。小学生们不但剪了辫子，而且穿上了统一的制服，实行男女同校。他们在老师的带领下，打乒乓球、做体操、下棋。学校甚至成立了鼓乐队、武术队，办起了音乐会。孩子们的精神面貌也为之一变。

1925年，学校又添设了高小，更名为京师公立第二十八小学校。1928年，国民政府将首都迁往南京后，学校更名为北平特别市公立第二十八小学校。此时，学生人数已经达到255人。学杂费标准为初小一个学期五角，高小一个学期一元。1934年，学校更名为北平市立新街口小学。据1935年出版的《最新北平指南》一书记载，市立新街口小学位于新街口大三条，电话西八六九。抗战胜利后，市立新街口小学更名为北平市立第四区十八保国民小学。中华人民共和国成立后，更名为北京市西城区新街口大三条小学。

2003年，随着新街口地区危房改造，大三条小学合并到东校场小学，两年后又合并为玉桃园小学。大三条小学虽然已经不在了，但是它的百年变迁，却为我们提供了管窥中国教育现代化转型的视角。

小学生们在课余时间照顾校内植物。本片摄于 1916 年。

　　民国初年，清华学校率先效法英美学校，组织起童子军。在清华童子军的影响下，京师 20 多所小学也组织起童子军。据 1917 年的《清华周刊》记载，清华学校的童子军练习包括战地抢救、造桥、筑台、备膳、转车、设帐、报警、游戏等，带有明显的野外军事训练特征。由此也可以窥见当时北京小学童子军的学习情况。图为 1916 年的京师公立第二十三国民学校童子军。

小学生们放学回家。可以
看出当时有不少女学生在校读
书。本片摄于 1916 年。

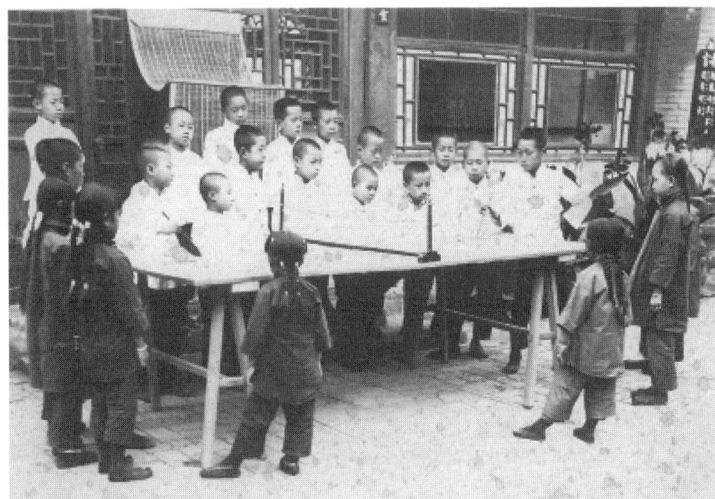

课间，小学生们在玩弹棋
游戏。本片摄于 1916 年。

孩子们在校内打乒乓球。
本片摄于 1916 年。

时代之变·从八旗官学到现代小学

学生们在老师的带领下练习武术。本片摄于 1916 年。

文/黄加佳　供图/西城区档案馆

百年女附中　寻找老校长

　　2024 年是北师大附属实验中学建校 107 周年。百年来，实验中学精英辈出，桃李满天下，声誉达于海外。然而，对于当年一手缔造出这所名校的首任校长，即便是实验中学内部的人也知之甚少。

　　从校史资料上看，北京女子师范学校附属中学校（简称女附中）第一任主任（相当于校长）名叫欧阳晓澜。欧阳晓澜，似乎是一位传奇女性，但多少年来，她只活在人们的传说中，没有照片，没有履历，只有官方"呈准设立北京女子师范学校附属中学校，聘欧阳晓澜为主任"的只言片语；只有最初的校友寥寥几篇关于她"留日归国，一生未婚，投身教育，严谨治学"的回忆。据说，建校之初，她从叔叔那里借钱从国外购置器材、设备和图书，引入国外先进的教学理念，同时兼顾中国现状，开发出一整套适合女子发展的课程与教育体系，可谓兼收并蓄、中西

合璧。她为人、治学都非常严谨，不苟言笑，经常巡视课堂，督导教师上课，观察学生课堂学习情况。在那社会动荡的年代里，学校虽是公立，但也常有发不出工资、拨不下经费的情况，她发动各方资源，利用校友会积极筹款，维持学校的正常运营。

　　欧阳晓澜执掌女附中十余年，从课程设置、师资储备、学校管理、学生发展各个方面，都为学校确立了开阔的格局，打下了坚实的基础。

　　不过，欧阳晓澜离开学校之后的人生，仍是一个谜。直到实验中学筹备百年校庆期间，欧阳晓澜校长的侄孙欧阳健生看到网上仅有的一些文字后找到学校，我们才知道，1937 年卢沟桥事变，北平失守后，欧阳晓澜不愿在日本人手底下教书，遂返回故乡江西。

　　为了寻找老校长的生平故事，实验中学派老师到南昌寻访。欧阳晓澜出生在江西的

一个书香世家。她少时双亲亡故，成年后在叔父资助下，才得以留学日本。1937 年返回江西后，她在南昌一所女子中学任教。后来，她与好友一起买下一座山头，建起两层小楼，无事时常居山上，过起隐士的生活。退休后，欧阳晓澜完全移居山上，教授侄子读书，同时也教授其他乡间子弟。

1925年毕业生合影。经家属确认，最后一排右五就是首任校长欧阳晓澜。

1919年，首届运动会。

1922 年，"女高师"
国文部学生来校见习。这
是实验中学接受教育实习
的开始。

1942 届学生在辟才
胡同旧址的留影。

时代之变·百年女附中　寻找老校长

忆及她的为人，乡人只说朴素，干干净净的衣衫，利利索索的发式，没有多余的装饰，如她对生活也无过多的奢求。关于她的性格，受教于她的孩童都说严肃，有时甚至严厉，他们一致管她叫先生，先生话不多，但要求却必须做到，虽不收分文地教孩子们认几个字，但字要写得工工整整，读书要端端正正，做不到时，先生不怒自威，常让他们敬畏。一位曾经跟欧阳晓澜读过书的老人回忆："我那时候顽皮，上完课就跑到外面捉虫打鸟，一次看到先生盯着看地上的蚂蚁，我好奇地问先生在干什么，先生让我小声，仔细听蚂蚁的声音，我问蚂蚁怎么会说话，先生说你仔细听，就能听到它们的声音。"

1932年，位于辟才胡同的校门。

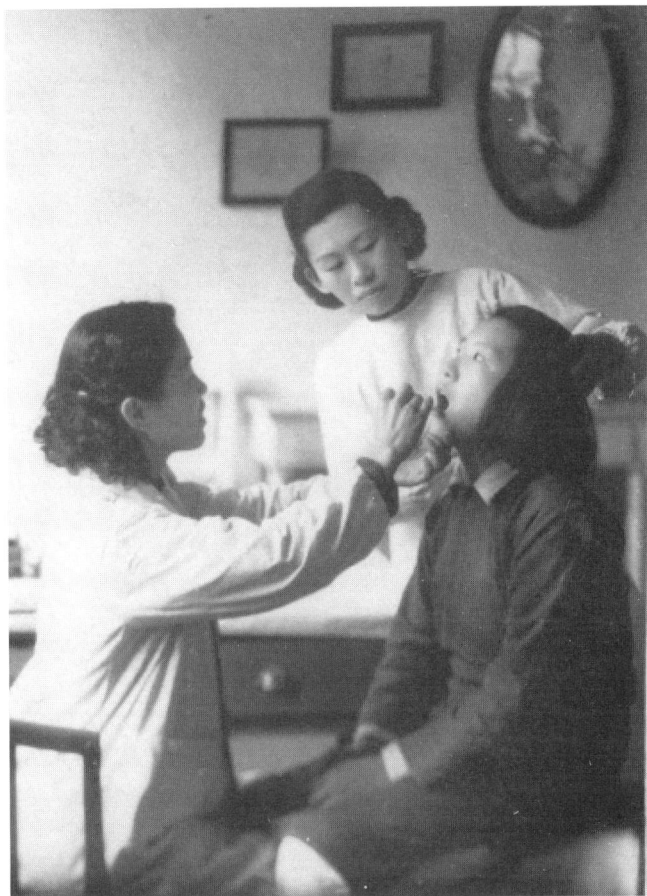

民国期间，校医给学生检查口腔。

1949 年 10 月 1 日，师大女附中
学生参加中华人民共和国开国大典。

1971 年，欧阳晓澜病逝。临终她唯一的遗愿是带走她所有的书。她生活过的山居，如今只有废墟和一座坟冢孤立，无碑无字，只有山间的绿竹、野花、溪流、虫鸣常伴。而她身后的实验中学，已成为京城首屈一指的名校。1931 年，北京女子师范大学与北京师范大学合并，女附中也更名为北京师范大学附属女子中学。1968 年，师大女附中结束 50 多年的女校历史，开始招收男生。1978 年，师大女附中更名为北京师范大学附属实验中学。百年来，无论是争取男女平等、传播妇女解放的声音，还是抗战救亡、争取民族独立的战场，抑或和平年代建设祖国的精英中，都涌现出不少从实验中学走出的学子。

学校的成绩，不负当年老校长的期望。通过她家人的确认，我们也终于在学校档案中，认出了她的照片。在第一届毕业生照片上，欧阳晓澜站在最后一排——她其实一直都在那里，只是等着有心人去重识。

文 / 谢微微　供图 / 北京师范大学附属实验中学　西城区档案馆

中法大学百年

创办于 1920 年的中法大学只有短短 30 年校龄，却培养出了数百名毕业生，其中有中华人民共和国十大元帅之一的陈毅，有医学家范秉哲、杜棻，有法国文学家郭麟阁，还有把《红楼梦》翻译成法文而蜚声世界的翻译家李治华等。学校的创办者更加传奇，有民国时期的教育家李石曾、蔡元培、吴稚晖、张静江，还有"法国白求恩"贝熙业和法国汉学家铎尔孟。

清朝末年，国弱受欺，中国的志士仁人纷纷走出国门，寻找救国图存之道。1901 年李石曾、张静江等 20 余名青年随中国驻法公使孙宝琦赴法留学。1912 年，李石曾和吴稚晖等人在北京创立"留法俭学会"，在北京、四川、广东等地开设"留法预备学校"，输送四批百余名学生留法。

然而，仅靠"俭学"，一般家庭仍然负担不起每人每年几百大洋的花费。李石曾和蔡元培想到了一个新办法，给"俭学"加上"勤工"二字，"以工俭学"。于是，1915 年，号召青年学生赴法勤工俭学的"留法勤工俭学会"成立了。这种做法得到了法方教授、议员的支持。很快，中法合作成立了"法华教育会"，国内各地先后建立了 20 多所留法预备学校，北京自然也不例外，丰台长辛店、西山碧云寺都曾开设过留法预备学校。轰轰烈烈的留法勤工俭学运动由此开始，中国共产党的领导人赵世炎、周恩来、邓小平、陈毅、聂荣臻等就是在这次运动中远渡重洋，开始了他们的法兰西岁月。

1920 年，位于北京西山的碧云寺留法预备学校扩充为文、理两科，改称中法大学西山学院，蔡元培出任首任校长，这便是北京中法大学的缘起。

效仿法国从幼儿园到大学的一条龙教育模式，兴办中法大学的同时，李石曾又先后在碧云寺设立中法大学附属碧云寺小学、西山中学，在温泉村（原名石窝村）创办温泉小学、温泉中学、温泉女子中学等。这里的学生有当地农村的，有北京周边的，也有少量来自北京市区，他们生活俭朴，学习认真，节假日上山访古刹、游山景，既锻炼身体又增长见识。曾在西山中学读书的翻译家李治华这样回忆："那时孙中山先生的遗体就停放在这座宝塔里，我曾数次参加他逝世周年纪念庆典，也曾亲见名画家徐悲鸿来这里写生。"

除了大学和中小学，中法大学还有研究部，包含镭学、药物两个研究所；有特设部，包括西山天然疗养院、温泉天然疗养院，以及第一、二、三农林试验场。疗养院和农林试验场不仅是学生们进行生物科学观察及试验的场所，还是李石曾等人进行"新农村建设试验"的重要内容。以温泉天然疗养院为例，这是在石窝村原有的温泉池基础上改建的。与此同时，李石曾等人在村里成立生产、消费合作社，改善农村卫生环境，通邮、通电、通车及建设各项服务设施。名不见经传的石窝村，从此变成了名流纷至沓来的温泉村。

西山是中法大学的摇篮，但正如李石曾所说，"西山之交通虽日趋发达，然于讲学

碧云寺是北京中法大学的诞生地。图为中法大学师生在碧云寺水泉院"云容水态"前合影。

及组织究有种种欠于便利之处"。1924年，中法大学西山学院理科迁至城内地安门外吉祥寺，以法国诺贝尔奖获得者玛丽·居里的名字命名，称居里学院。次年西山学院文科迁到东黄城根39号（今东黄城根北街甲20号），以法国著名文学家伏尔泰的名字命名，称服尔德学院。此外，社会科学院称孔德学院，位于北河沿；生物研究所则称陆谟克学院，分甲、乙两部，甲部在东黄城根，乙部仍留西山。此后，东黄城根成为中法大学本部。校舍坐东朝西，包括北部中式建筑样式的校部，以及南部西式三层教学主楼。据史料记载，北部校部原是清末理藩部旧址，南部西式教学主楼则是李石曾1925年购买的，原本是厂房和民居。

抗日战争期间，中法大学南迁昆明，1946年迁回北平。1950年，中法大学停办，分别并入华北大学工学院（现北京理工大学）、北京大学、南开大学等。1984年5月，中法大学旧址被列为北京市文物保护单位。如今，刚刚修缮竣工的老建筑，见证着中法大学短暂而传奇的历史，也见证着中法两国民间友好合作的情谊。

中法大学全景。

时代之变·中法大学百年

中法大学学
生在做实验。

位于金仙寺的中法大学西山学院分院。

中法大学
图书馆阅览室
内部。

西山一带的温泉天然疗养院，隶属于中法大学特设部。胡玉树摄。

李石曾（左四）、李书华（左二）、李麟玉（左三）、
铎尔孟（右三）、贝熙业（右四）等一起合影。

中法大学正门。

文／供图　端木美　张文大

图书在版编目（CIP）数据

旧京图说. 风云篇 / 北京日报特别报道部编著. ——
北京 : 北京日报出版社, 2024.12

ISBN 978-7-5477-4767-4

Ⅰ. ①旧… Ⅱ. ①北… Ⅲ. ①北京—地方史—图解
Ⅳ. ①K291-64

中国国家版本馆CIP数据核字(2024)第012075号

旧京图说. 风云篇

出版发行：北京日报出版社
地　　址：北京市东城区东单三条8-16号东方广场东配楼四层
邮　　编：100005
电　　话：发行部：（010）65255876
　　　　　总编室：（010）65252135
印　　刷：河北宝昌佳彩印刷有限公司
经　　销：各地新华书店
版　　次：2024 年 12 月第 1 版
　　　　　2024 年 12 月第 1 次印刷
开　　本：787 毫米×1092 毫米　1/16
印　　张：19
字　　数：231千字
图　　片：357幅
定　　价：98.00元